中公クラシックス J50

高坂正堯

古典外交の成熟と崩壊 I

中央公論新社

目次

高坂国際政治学を凝縮した古典外交論の彫琢　中西　寛　1

I

第一章　近代ヨーロッパの勢力均衡……5
一　近代ヨーロッパにおける勢力均衡の評価　5
二　ヒュームの『勢力均衡論』——多様性への愛　10
三　「諸国家の諸利害説」　22
四　十八世紀ヨーロッパの条件　35

II

第二章　ウィーン会議と「ヨーロッパ」……59
一　ウィーン会議の前史　59
1　対ナポレオン同盟を支配した二つの要因　2　ショーモン条約と第三の要因　3　ナポレオン退位と第一次パ

リー平和条約
二　ウィーン会議　83
1　ロシアと均衡への新しい脅威　2　ザクセン問題——全体的均衡と部分的均衡　3　連邦主義的解決と部分的均衡　4　「ヨーロッパ」の理念
三　ウィーン体制の保障　123
1　全般的保障の試み　2　戦後処理を結実させたもの　3　「ウィーン体制」
第三章　会議はなぜ踊りつづけたか……………………………………179
1　最高の儀典長・メッテルニッヒ　2　機の熟するを待つために　3　社交と会話と、政治と愛と　4　十八世紀文明のかぐわしさと遊戯性　5　旧時代の衰亡とホモ・ファーベルの登場

古典外交の成熟と崩壊　Ⅱ　目次

Ⅲ
第四章　イギリスとウィーン体制――国益と会議外交
第五章　「コンサート」なき均衡
Ⅳ
第六章　政治術の衰退と均衡体系の崩壊――第一次世界大戦の勃発
エピローグ――古典外交と現代外交

高坂国際政治学を凝縮した古典外交論の彫琢

中西　寛

高坂正堯の名は、その死から十五年以上の年月のたった今日でも、一九六〇年代から一九九六年の死の直前まで書き続けた日本の外交および現代の国際政治についての数多くの論考と共に、広く記憶されている。中公クラシックスのシリーズでも『宰相　吉田茂』『海洋国家日本の構想』が刊行されており、現在も刊行されている『国際政治』（一九六六年）や『文明が衰亡するとき』（一九八一年）なども高坂の死後に青年期を迎えた若い層も含めて読者を魅了し続けている。その見事なまでに切れ味の鋭い分析と、流麗かつ平易な文体は他に並ぶもののない独特の輝きを放ち続けている。

こうした高坂の日本外交や国際政治に対する分析眼の由来はいずこにあったのか、高坂の著述はなぜかくも奥深いのか、という問いに対して完全に答えることはできない。天賦の才というのはそういうものであろう。しかしこの問いに答える鍵があるとすれば、本書『古典外交の成熟と崩壊』の中においてであろう。一般に親しまれた高坂の同時代を扱った評論とは異なって、本書は十九世紀ヨーロッパ外交を扱っている。「この書物は歴史的考察を行っているが、歴史の研究書ではない」と高坂自身がエピローグに書いているし、その捉え方はもちろん意味のあるものだが、現代とは異なる時代と場所を扱った著作であり、一般の読者の関心からはいささか遠い書物かも知れない。しかし本書は高坂の国際政治研究の原点となった研究を基にしており、高坂国際政治学の真髄と言うべき内容がこめられている作品なのである。

一九七八年に刊行されたこの著作は、その前半は学術誌などに公刊された論文であり、それに新たに書き下ろされた何章かを加えた構成となっている。ちなみに初出は次のようになっている。

第一章　近代ヨーロッパの勢力均衡——同じ題名で、『法学論叢』（京都大学法学部紀要雑誌）八八巻一、二、三号（一九七〇年）に初出

第二章　ウィーン会議と「ヨーロッパ」——「ウィーン会議と『ヨーロッパ』」（1）（2）として『法学論叢』六五巻一号、同二号（一九五九年）に初出

第三章　会議はなぜ踊りつづけたか——同じ題名で、『中央公論　臨時増刊　歴史と人物3』（一九七一年六月）に初出

第四章　イギリスとウィーン体制——国益と会議外交——「イギリスとウィーン体制——パックス・ブリタニカの外交的側面」として『国際法外交雑誌』(日本国際法学会の学会誌) 五九巻三号（一九六〇年）に初出［一部に加筆修正あり］

第五章　「コンサート」なき均衡

第六章　政治術の衰退と均衡体系の崩壊——第一次世界大戦の勃発

エピローグ——古典外交と現代外交

は新たな書き下ろしである。

つまり本書は、高坂が二十歳代半ば、京都大学法学部を卒業して助手として採用された時期に書かれた一九六〇年頃の論文（第二章、第四章)、高坂がアメリカ留学から帰国して論壇デビューを果たし、「現実主義」国際政治学の代表的な研究者として複数の著作を公刊した後、三十歳代半ばの一九七〇年頃の論文（第一章、第三章)、高坂が学者として円熟期に入った四十歳代半ばの一九七八年頃執筆の部分（第五章、第六章、エピローグ）という異なる三つの時代の作品から成り立っているのである。

このことを前提とする時、古典外交の形成、成熟、変質、崩壊を扱った本書の内容はきわめて首尾一貫していると言えるだろう。たしかに本書には、古典外交と現代外交の対比を主に論じたエピローグ以外には全体を通観する叙述はなく、各章が完結した体裁をとっているので著作全体の主張を読みとるには読者の側で一定の背景的知識を要するところがある。そして各章の文体や焦点の当て方には相違が見られるし、そこに高坂の成長や視点の変化といった要素が読みとれない訳ではない。とはいえ、大学卒業後、最初に書いた研究論文の内容と、約二〇年後の著述の内容に大きなずれがないことは驚くべきことと言ってよい。

もちろんそこには、しばしば「老成した」とさえ称されたように、高坂が若くして透徹した政治観、人間洞察を獲得していたことが大きく作用している。しかしそれに加えて、高坂が「古典外交」と呼んだ十八世紀から十九世紀にかけてのヨーロッパ国際政治に対する捉え方が、もちろん細部においては変化があるにしても、大枠においては高坂が研究を始めた頃にほぼ固まりつつあったという事情も作用していたと思われる。

以下では、本書を構成する著述を高坂が書き進めていった段階に沿って、三つの問いに答える形で解説を進めて行こう。すなわち、

(1) 高坂はなぜウィーン体制の研究を最初の研究テーマに選んだのか
(2) 高坂のウィーン体制論ないし十九世紀ヨーロッパ国際政治研究の特徴は何か
(3) 高坂の古典外交論は現代外交にどのような示唆をもつか

という問いである。

なぜウィーン体制研究を選んだのか

先述のように、高坂は一九五七年四月、京大法学部助手に採用され、国際法の田岡良一教授の指導を受けることとなった。高坂が助手論文の研究テーマに選んだのはウィーン体制であった。田岡と共に高坂を指導した政治学者の猪木正道が、この頃に田岡が、「『高坂君の熱心さには驚かされる。会えば必ずヴィ《ママ》ーン会議について質問され、閉口しているよ』と喜んでおられた」と回想しているように、助手時代の高坂はこの研究に精魂を傾けたことは明らかである（参考文献番号①以下同）。

解説者は別稿で、高坂がこのテーマを選んだ背景として、日本のサンフランシスコ講和をめぐる論争の際に、田岡が全面講和論を主張し、東京大学の国際法教授横田喜三郎が部分講和論を主張して論争があったことの影響を指摘した（④）。両者の争点は、国際政治における安全保障体制のあり方についてであり、田岡は大国間の勢力均衡体制を前提として日本は中立化されざるを得ないと説いたのに対して、横田は国際連合が組織された現代では、アメリカを中心とした擬似的な集団安全保障ないし集団防衛組織に日本は加わるほかないと主張したのである。後の高坂の立場は勢力均衡を基本としつつ、日米安保体制を肯定した点では両者の中間にあると言えようが、ともかくこの論争が、ヨーロッパに一世紀の平和をもたらしたとされるウィーン体制の研究に高坂が向かう動機の一つであったと言えるだろう。高坂自身もこの論争に対して抱いた興味を後に回想している（高坂、『世界地図の中で考える』新潮社、一九六八年、二六一－二六三ページ）。

実は、勢力均衡や集団安全保障の問題関心からウィーン体制を捉える視点は、第一次世界大戦後のパリ講和会議に際してウィーン会議を歴史的先例として研究し、その後のウィーン会議研究史の出発点となったウェブスターの問題関心と重なるものであった⑩。これに対して、一九五〇年代の欧米、特に英語世界で定着し始めた国際政治学が、近代ヨーロッパ国際政治史に新たな角度からの検討を加えつつあった。一九四八年に初版が刊行されたモーゲンソーの『諸国民の間の政治』は戦後アメリカ国際政治学の教科書として広く受け入れられたが、この書物の特徴は、モーゲンソー言うところの国家間の権力政治の論証を、ドイツからの亡命学者らしく、ヨーロッパ近代国際政治史の豊富な実例で示した点にあると言えるだろう⑧。その後、米欧の学界では近代ヨーロッパ外交史を国際政治学という新たな観点から再構成し、現実主義の外交分析としてウィーン体制下の国際政治を理解しようという研究が進められつつあったのである。なかんずく、モーゲンソーと同じくドイツからの亡命学者であり、核戦略理論の指導者の一人でもあったH・キッシンジャーが、その博士論文に基づいて一九五七年に公刊した『回復された世界平和』は、高坂にも大きな刺激を与えたはずである⑤。事実、本書の第二章と第四章において、オーストリアのメッテルニッヒとイギリスのカースルリーをそれぞれの中心に据えて分析する手法には、キッシンジャーの影響が感じられる。

とはいえ、高坂の分析は、政治指導の側面に関心を集中させるキッシンジャーのそれと比べても、より整理され、明解なものである。メッテルニッヒのオーストリアがヨーロッパの中心にあって、全体的な均衡と同時に部分的な均衡に配慮し、しかもフランス革命の再来を恐怖する意識に強く規定されていたのに対して、カースルリーはヨーロッパ全体の均衡に関心をもち、大国からなる会議外交を設立することに主要な注意を払った。両者が追求したシステム間のずれは次第に拡大し、カースルリーの自殺によって危機を迎えるが、その後継者カニングが、会議外交を放棄し、より柔軟な「ヨーロッパ協調」へと移行することで国際体制の安定が維持されることになったのである。それは保守的な「一つのヨーロッパ」としての限界を持っていたが、「一つのヨーロッパ」意識を共有した点ではすぐれた秩序であったと高坂は評価する（本巻I 一六二―一六三ページ）。この高坂の視点は一〇年余り後の論文で更に掘り下げられることになる。

高坂の古典外交論の特徴は何か

高坂は一九六〇年から二年間、ハーバード大学に留学し、帰国後すぐに「現実主義者の平和論」以下の論壇評論で一躍、少壮の国際政治学者として注目されることとなり、佐藤栄作政権に対して沖縄返還問題などで助言する立場となるなど、きわめて多忙となった。しかしその間にも、ウィーン体制を中心としたヨーロッパ外交については考察を深めていったものと思われる。一九七〇年頃に公表された、本書第一章および第三章の部分は、高坂のこうした考察の成果を表現したものであり、高坂古典外交論の特色が最も鮮やかに示されていると言ってよいだろう。

第一章では、十八世紀のヨーロッパ国際政治において勢力均衡が持った意味が探究される。分析の入り口は、勢力均衡論の古典としてしばしば引用されるヒュームの勢力均衡論だが、程なく高坂の考察は独特の深みへと入っていく。ヒュームの論考は、一見したところ、勢力均衡という現象が古代ギリシャにも見られたものであり、その普遍性を主張しているかのような内容である。

しかし高坂は、ヒュームの他の論文も含めた深い読みによって、ヒュームの真意が、ヨーロッパの多様性を維持する原理としての勢力均衡を文化的価値として積極的に評価するものであり、勢力均衡が存在しなかったローマ帝国を、平和であったが画一的な時代として否定するものであったと主張する。この「多様性への愛」こそはヒュームに限らず同時代の多くの知識人が共有したものであり、多様性が競争を通じて活力と創造性の源泉となるという意識は共有されていた。

高坂がとりわけ強調するのは、こうした多様性が自由の保証でもあったという観点である。ここで高坂が最も評価するのがモンテスキューの政体論であることは意義深い。『法の精神』の著者モンテスキューこそは、近代ヨーロッパを飛び越えた政体比較を通じて、自由は、特定の政体によって保証されるものではなく、権力の濫用を戒める制限政体においてのみ可能であることを論証した著述家であった。あらゆるものの過剰を忌み、自制を尊ぶ心こそが当時の人々に共有された精神であり、この精神ゆえにこそ勢力均衡は維持されえたのだ、と高坂は指摘するのである。「徳性自体にすら限界を置く必要がある」と強調するモンテスキューにとって最も重要な自由の保証は権力の集中の回避と相互抑制である。その国内的表現が三権分立であり、国際的表現が勢力均衡論であると高坂は解釈するのである。

言うまでもなく、勢力均衡というメカニズムないし理念は、今日まで国際政治学の中心的テーゼとして営々と研究が積み重ねられている。しかし勢力均衡論の本質をここまで深く洞察し、モンテスキューの政体論にまで結びつけた論考の独創性は今日においても際だったものである。十八世紀から十九世紀のヨーロッパ国際政治を「古典外交」と高坂が見なすのは、この権力の相互抑制が様々な文化的要因によって、自然なものとして成立し、共有されていたと見なすからである。ここに高坂の古典外交論の真髄があると言っても過言ではないだろう。

第三章は、第一章で描き出した十八世紀の精神をメッテルニッヒという人物に表象させた文学的な香りのする文章である。これはこの章がそもそも一般向けの雑誌への寄稿として書かれたことにも由来するであろう。しかしここには、高坂の単なる社会科学者に止まらない真骨頂がいかんなく発揮されている。適確な引用によって混沌とした現実を鮮明に切りとって見せる名手であった高坂は、ここでド・ラクロの小説や『セヴィリアの理髪師』の一節を引用し、思想、文学、芸術が渾然一体となって人々を知的快楽へと導いた十八世紀サロンの雰囲気を自らの文体によって醸し出すことに成功している。この章の発想の根底をなすのは、ヨハン・ホイジンガの『ホモ・ルーデンス』の「遊び」の感覚であり、文明の高みを、その達成した「事業」によってではなく、豊かな時間を過ごすことによって計る精神であった。高坂によれば、この精神の共有こそが、古典外交を古典外交たらしめていたものである。「勝つことが唯一の目的であり、ただ危険であるという理由だけからルールを守らなくてはならないという場合には、ルールはまったく弱々しい存在でしかない。勝つという目的だけが重要ではなく、ゲームそのものが重要であって初めて、ルールは確固たる座を得るのである。自制と均衡を重んずる十八世紀の文明は人生のゲームを楽しむ精神と深いところでつながっていたのであった」という一節に高坂の古典外交に対する洞察と憧憬が集約されていると言って過言ではない。

高坂の「古典外交」論は、その前にあるキッシンジャーのウィーン会議についての分析や、その後にあるポール・シュレーダーのヨーロッパ国際関係史の研究と比べても、その独創性において遜色ない一個の研究と評価できる。キッシンジャーの研究は、ウィーン会議におけるメッテルニッヒとカースルリーの外交指導に焦点を当てている。既述のように、高坂が助手の時代からキッシンジャーの研究に影響を受けたことは間違いないだろう。しかしキッシンジャーの研究は、アメリカにおける当時の国際政治学の問題関心とおそらく彼の個人的な関心とから、いかに指導者が国内的制約（主に既存の政策体系を守ろうとする官僚の保守性と、国内的価値観の実現を期待する国内政治上の要請）に対して、創造的な外交を展開し、国際関係の制約の中で国益を実現できるかという点に分析の中心が置かれている。この問題関心が、核戦略を含めたキッシンジャーのアメリカ外交論や、後に彼自身がニクソン、フォード政権下で安全保障問題担当大統領補佐官ならびに国務長官として外交指導に携わる上での下地になったということは想像に難くない（⑤）。

他方で二〇〇〇年代になってまとめられたシュレーダーの研究は、ウィーン体制を十八世紀までの勢力均衡体制からの断絶性において捉えている点に主要な特徴がある（⑨、⑥）。シュレーダーによれば、十八世紀の勢力均衡体制は頻繁な戦争によって特徴づけられるのに対し、ウィーン体制は主要な国家が協調して行動する規範を共有し、戦争の回避に成功した「政治的平衡性(political equilibrium)」によって特徴づけられる。こうしたシュレーダー説はかなりのところ、高坂の「古典外交」論と重なっている。外交史的分析においてはより精密さを増しているが、国際システムの変化に焦点を当てすぎているために「政治的平衡性」の成立要因を十分に論証し得ていない。これに対して高坂の「古典外交」論は、個別的な利益を追求する各国の行動と全体的な体制の安定とが精妙な関係を保った、十八世紀半ばからの約一世紀のヨーロッパ国際政治の構造をより包括的に捉えていると言ってよいだろう。

しかし古典外交の精髄の表現としてメッテルニッヒとウィーン会議を描き出した高坂は、その衰退と崩壊の過程を描かねばならなかった。メッテルニッヒが守ろうとした文明、『待つ』ことを楽しみ、怠惰を誇るスタイル」は、自由主義とナショナリズムによって後押しされる「事業欲」の時代へと置き換わっていく。その転換が古典外交の崩壊をもたらす過程を高坂は新たに書き下ろした二章で描くことになる。

高坂「古典外交」論の現代的意義

それにしてもなぜ、高坂は古典外交の「崩壊」へと分析を進めたのだろうか。「成熟と崩壊」の完成型を知る我々からすれば、それは当然とも見える。しかし可能性としては、高坂が最も好んだ十八世紀の「古典外交」形成期の論述を深め、ウィーン体制に至る「古典外交の形成と定着」を描くこともあり得たのではないか。

この疑問へのはっきりした解答はない。最も有力な推測は、そもそも高坂が文明の崩壊過程に対して抱いていた興味から、崩壊過程の分析に向かうのは自然だった、というものであろう。本書の数年後に書かれた『文明が衰亡するとき』のあとがきで、高坂は幼少期にローマ帝国の衰亡過程に興味を持ち、その関心は長く続いたことを振り返っている。そのはるか以前、三十歳を過ぎたばかりの高坂は、『世界地図の中で考える』の冒頭に紹介しているように、タスマニアの原住民の滅亡に興味を持ち、わざわざこの極南の地に滞在したのである。

おそらくこの関心には、高坂の戦争経験の影響もあると考えてよいであろう。戦時中に京都で国民学校に通い、京都府北部への疎開も経験した高坂は、子供ながら日本の命運を深く心に刻んでいたようである。十一歳の高坂は、終戦直後の家族への手紙で次のように書いている。「十五日にはあの発表を聞きました。大へんくやしい事です。しかし一度大詔が下りましたから、せいぜい勉強して真に何も彼も強く偉い日本を作りあげようと思います」(②)。大日本帝国はローマ帝国でも、タスマニアの原住民社会でもなかったが、ある社会が破壊的な結末を迎える原因と過程についての関心は幼い高坂の心に埋め込まれたものであったのだろう。

しかし何よりも高坂を衰亡論に向かわせたのは、真正のリアリストとしての徹底した人間観察であり、社会観であったろう。均整のとれた秩序が衰退し、やがて崩壊に至る過程は悲劇であり、すぐれたリアリストはそこに人間社会の本質を見た。その代表はペロポネソス戦争を描いた古代ギリシャのツキジデスである。彼は、それまでのスパルタを中心とした都市国家秩序が、海洋国家アテネの台頭によって挑戦を受け、やがて都市国家秩序そのものが衰退していくことを予感しつつ『戦史』を著した。ツキジデスの時代は、ソフォクレスの『エディプス王』に代表される古代ギリシャの悲劇が全盛であった時代と重なる。そこにはある秩序が古くなり、新たな力が勃興しつつある時に特有な現象が生じる。アテネの指導者ペリクレスの場合のように偉大な人間性がかいま見えることもあるが、冷静な観察者がよりしばしば見出すのは権力欲、驕慢さ、恐れ、焦りといった人間性の弱さであり、それらが最終的には旧体制を崩壊に至らしめるのである。政治的リアリズムと悲劇の関係について著したルボウによれば、

悲劇は、人間の弱さや限界、また、それらを乗り越えようとすることとの破滅的な帰結にわれわれを向き合わせる。全ての悲劇は、我々に人間の死すべき運命を思い起こさせる。アリストテレスは、悲劇が恐れと哀れみの感情を引き出すことで知識とカタルシスを伝えると主張している。カタルシスとは医学用語で、アリストテレスは比喩的に使っているのだが、魂から毒のある感情や野心を取り除くことで健全な均衡を取り戻して清めることを指している（⑦）。

古典外交とそれを生み出した文明の完成度の高さを評価する高坂は、まさにその完成度ゆえに

その壊れやすさを描く必要があった。人間の弱さと限界を知り、それゆえに衰亡の運命と懸命に戦わざるを得ない人間に倫理性を見出すリアリズムの立場は、歴史的過程を描くことによってのみ十全に表現できるのである。幼い頃よりローマ帝国の衰亡論に慣れ親しみ、カルタゴを滅ぼした後の「勝ち誇るローマも、いつかは同じ運命に見舞われるだろう」というスキピオの言葉に印象を受けた高坂にとって、古典外交の崩壊を描くことはやはり必然であったと言えるのだろう。

とはいえ、その崩壊に関する叙述が、古典外交の成熟への過程を論じた第一章から第四章に比べると図式的であり、外交とそれを支える精神の精妙な組み合わせが失われていく描写がふくらみを欠く印象がある。中西輝政は本書が『高坂正堯著作集』に収められたときその解説において、第一章から第四章の完成度の高さに比して、「本書の後半（五章、六章）は、学術書として見るとき、構成上の不満は残る」と指摘し、出版にあたっての時間の制約や離婚に終わることになる高坂の家庭問題の影響を示唆している（③）。たしかに本書の前半と後半の叙述のトーンが異なることは否定できない。

中西も指摘するように、本書において古典外交がいつ終わったと高坂が考えていたのかは必ずしも明快ではない。十八世紀以来の勢力均衡を支えていた貴族的な文化を重視するなら、それはすでに第五章が扱っている、一八四八年以後の段階で失われたと言ってよい。ビスマルク、パーマーストン、ナポレオン三世といった政治家の登場は、ナショナリズムと官僚化、産業化によって支えられた国家と相まって、抑制を失った権力政治の時代へと移行しつつあったのである。他方で、通常のヨーロッパ外交史の時代区分によれば、ヨーロッパにおける勢力均衡は第一次世界大戦をもって破綻を迎える。その主たる要因としては「中原の国」ドイツの強大化とオーストリアの大国としての没落、国際政治の世界化などの要素が指摘できるだろう。こうして、古典外交を支える文化的要素と、勢力均衡の基本的な構造変化のいずれが古典外交の崩壊にとって決定的であったかという問いには十分に答えられていない。高坂の視角からすれば、文化的要因と構造的要因の変化が相乗効果において古典外交を崩壊せしめたということになるのであろうが、その両者を架橋しながら生じたであろう悲劇的な要素についての叙述は十分に力強いものではない。あえて言えば「政治術の衰退」の象徴として描かれている、第一次世界大戦開戦時のイギリス外相だったエドワード・グレイの描写が悲劇的側面を予感させるが、グレイを、運命に対して雄々しく戦わず、むしろあきらめを抱いていた弱い政治家として描くことで、古典外交の崩壊に伴う悲劇的要素はカタルシスを感じされることなく終わっている。

とはいえ、別の読み方をすれば、本書後半のスタイルは高坂が描こうとした時代精神の変化にふさわしいと言えるかも知れない。時間の余裕を楽しみ、仕事と遊びが渾然一体となった時代に対して、一八四八年以後の世界は生真面目な、また堅苦しい時代なのであり、高坂の文体もそうした時代の重苦しい雰囲気を伝えていると読むこともできる。いずれにせよ高坂が本書において強調したかったのは、古典外交がそもそも崩壊の種子をはらんでおり、それが実際に崩壊し、現代がその時代と切り離されていることを確認することではなかったろうか。その意味では、古典外交がいかに崩壊したかを厳密に解明することは高坂の関心の対象外であり、古典外交と現代外交の対比を論じるエピローグへの導入としての意味の方が強かったとも思える。

エピローグにおいて高坂は、古典外交と現代外交が切り離されたものであると確認した上で、しかもなお古典外交が現代外交にとって持つ意味について論じている。古典外交を可能ならしめた近代ヨーロッパの同質性、貴族性、自立性はすべて永遠に失われた。それゆえに古典外交からの教訓を直ちに現代外交にあてはめることはできないし、するべきではない。

にもかかわらず、古典外交は主権国家が主たる国際政治の担い手である限り、現代外交にとっても様々な示唆を持つものである、と高坂は主張する。第一に、外政家が「啓蒙化された自己利益」として自国の国益を定義し、それに従おうとするとき、国際政治は自己主張と自制、協力と自立性が組み合わされ、より安定したものとなる。国際政治において目指されるべきは、ゆるぎない秩序の構築ではなく、外交によって達成される(擬似的な)秩序とその限界への認識なのである。第二に、外政家の役割は、自らの行動がもたらしうる成果に対する諦念を抱きつつ、しかもなお努力することである。そこから外政家同士の相互理解が生まれ、また、外政家としての誠意が評価される価値観が生じる。こうした外政家の世界こそ、外交技術によって問題を処理しやすくする基礎を与えるものなのである。

別の言い方をすれば、現状の国際秩序に対してその完成を追求するのではなく、むしろその秩序が本質的に脆く、崩壊への種子を胚胎していることへの自覚こそが、国際政治をより安定的なものとするのである。高坂が、「ひとつの文明の終末を、それと意識しながら生きるのは奇妙なことだ」というドゴールの言葉を引くとき、ドゴール外交が古典外交のエピゴーネンではなく、むしろ現代において古典外交の振る舞いを意図的に行う、悲劇性を意識した政治術の反映したものであったことが一挙に明らかとなる。

高坂は現代世界に対しても、戦後日本に対しても、常に強い留保をおこたらなかった。特に本書を書き上げた頃から、現代世界の過剰なイデオロギーと高まる相互依存に対する国家の自己管理能力の不足、日本人の意識の中に広がる驕慢さに対する高坂の警告はより強まることになる。高坂の生きた時代にあってこの批判を集約的に表現していたのは、経済摩擦を含めた日米関係であった。雑誌連載をまとめた『国際摩擦』(一九八七年)、『不思議の日米関係史』(一九九六年)はそうした問題関心の表れであった。

しかし高坂は、その死を前にしてさらなる未来、二十一世紀の国際政治の課題を見通していた。

私は最近、若い研究者に対して、「中国問題は二十一世紀前半の最大の問題だが、それは私たちの世代の問題ではなくて、君らの世代の問題だよ」とよく言う。余り評判はよくないが、私は正しいことを言っていると思う。中国問題が現実化するのは十〜十五年先だが、七十歳を過ぎた人間が現におこっている問題に適切に対処できるとは思われない。より基本的には、中国のあり方とそれが提示する問題は、この何年かの間におこったこととも、歴史書に書いてあることとも違う。まず、中国が弱かったときの行動様式、たとえば以夷制夷は現代中国外交の例外しか説明しない。共産主義政権といっても、それで説明できることはきわめて少ない。それに、強い中国が中国文明圏を作ってこの地域を安定させることは世界化時代にはありえない、といった具合である。部分にも歴史にもとらわれない中国論の出現を、私は心から待ちわびている。(『高坂正堯外交評論集』中央公論社、一九九六年、四二三ページ)

すでに体調の不良を感じていたはずの高坂のこの文章は、自らの運命を半ば悟りつつ、あきらめないという高坂の人生観をそのまま映し出している。そして高坂の死から十五年余りを経た今日、中国問題は世界、ことに日本の前に巨大な問題として存在している。残念ながら、高坂が待望した新たな中国論は、世界を見渡してもまだ登場しているようには見えない。もちろんそれは、高坂の後に続く、われわれ世代の課題である。しかし中国という巨大な存在や、急速に進行するグローバリゼーションの本質を十分につかみきれずとも、高坂が本書で示した、相互依存の進行という自然の趨勢に反しない範囲で国家が自己管理能力を高め、自己主張と自制を組み合わせた外交を行うことが、可能な範囲での国際関係の安定をもたらし、少なくとも破局を回避する時間稼ぎとなるという国際政治観の意義は明らかである。

本書の吉野作造賞受賞に際しての言葉の中で、高坂は、古典を古典として読むことは生来好まず、読みたいときに読むことに読書の意義があると考えてきた、といった言葉を記している。しかし真の古典とは、いつ読んでも読み手の関心、問題意識に応じて何らかの示唆を与えてくれる存在であろう。本書は、学術的な進歩とは異なる次元で、一個の完成された宇宙を持つ国際政治論かつ文明論であり、永遠の光を放ち続ける古典と呼ぶにふさわしい作品である。

（京都大学大学院教授）

参考文献

① 猪木正道、一九九六、「二人の恩師」『アスティオン』四二号

② 高坂節三、二〇〇〇、『昭和の宿命を見つめた眼』（ＰＨＰ研究所）

③ 中西輝政、二〇〇〇、「解説　『ヨーロッパ』への愛、あるいは歴史への愛」『高坂正堯著作集　第六巻　古典外交の成熟と崩壊』（都市出版）

④ 中西寛、二〇〇〇、「解説　至高のモラリスト、高坂正堯教授の国際政治学」『高坂正堯著作集　第七巻　国際政治――恐怖と希望』（都市出版）

⑤ Kissinger, Henry, A., 1957, *A World Restored: Metternich, Castlereagh and the Problems of Peace 1812–1822* (Houghton Mifflin)

⑥ Krüger, Peter and Schroeder, Paul W., eds., 2002, "*The Transformation of European Politics, 1763–1848*": *Episode or Model in Modern History?* (LIT)

⑦ Lebow, Richard Ned., 2003, *The Tragic Vision of Politics: Ethics, Interests and Orders*, (Cambridge University Press)

⑧ Morgenthau, Hans, 1948, *Politics among Nations*, (Knopf)

⑨ Schroeder, Paul.W., 1994, *The Transformation of European Politics, 1763–1848* (Oxford University Press)
⑩ Webster, C. K., 1919, *The Congress of Vienna, 1814–1815*, (Milford)

凡　例

一、本書は小社刊の高坂正堯『古典外交の成熟と崩壊』（一九七三年）を底本に、『高坂正堯著作集』第六巻「古典外交の成熟と崩壊」（高坂正堯著作集刊行会編、都市出版社、二〇〇〇年）を参照して編集にあたった。

二、表記にあたっては、明らかな誤記、誤植、脱字と判断されるものを訂正し、読みやすさを考慮し、一部句読点を補足した。また一部人名表記の統一を行った（例　ニコラス→ニコライ）。

三、送り仮名の統一はせず、改行は行っていない。

古典外交の成熟と崩壊　I

I

第一章　近代ヨーロッパの勢力均衡

一　近代ヨーロッパにおける勢力均衡の評価

近代ヨーロッパの国際関係において、勢力均衡という言葉は、他の時代と場所では見られないような独特の色合いを持っていたように思われる。すなわち、それは国際関係の基本原理として明瞭に意識されていたし、また、そこには勢力均衡原則によって相当満足すべき国際秩序が可能になるという楽観主義があった。もちろん、勢力均衡原則に対する批判は存在した。たとえばジョン・ブライトは、勢力均衡原則のことを「過去から伝えられた有害な幻想[1]」として批判した。ジャン・ジャック・ルソーは、「ヨーロッパ諸国民はきわめて多くのところで相互につながっており、それ故一国の行動はどんなものでも他国のそれに衝撃を与えずにはいない」とヨーロッパをひとつの国際体系として捉えたあと、その相互の関係は確固たる権威によって律せられてはいず、偶然によって動かされているので、「新しい状況が新しい挑戦者に機会を与えるや否や必ず新しい争いになる」と、当時のヨーロッパの状況を暗く描いた。② また、十八世紀の啓蒙思想家たちの多くは、勢力均衡体系を「対抗の体系であり、それ故、波乱と衝撃と動乱の体系③」であるとして非難し、協力にもとづく新しい体系を作らなければならないと主張した。

しかし、全体として見たとき、勢力均衡原則に大きな危険が伴うという危惧の念は少なかった。それは、ヨーロッパの現状を厳しく批判したルソーが、もうひとつの彼の特徴であるすぐれた現実認識力を示して、次のように書いていることにも現われていると言えるであろう。「ヨーロッパの体系は、まさに、それを完全に転覆せしめずに、絶えざる動揺のなかにヨーロッパを維持しかねないような強度を持っている*」。

* Vaughan, *op. cit.*, p. 370 ; Gilbert, *op. cit.*, p. 370. ルソーの国際政治観の特徴は、彼が政治の現状である権力政治に対して厳しい批判の眼を持っていたと同時に、現実の政治の動向を認識する鋭い眼を持っていたことにある。そこに、彼が国際平和の問題に回答を与ええない懐疑主義者、悲観論者となった根本的理由がある。たとえば彼は「アベ・ド・サン・ピエール氏の永久平和案の抜萃」において、サン・ピエールの平和案を好意的に紹介しながら、「永久平和案の評価」においては、それに否定的な評価をおこなったが、それはサン・ピエールの永久平和案が実行不可能であるという理由からだけでなく、国際政治の現実においては、永久平和案さえもが権力政治上の行為とならざるをえないという洞察からであった。

もっとも、ルソーは闘争が制限されているという理由から、当時のヨーロッパの国際関係を是認しはしなかった。彼は「戦争状態」に対する原理的反対故に、闘争が制限されていて体系そのものが転覆しないことを、かえって忌み嫌いさえした。彼はつづいて書いている。

そのため、われわれの害悪が大きくならないとすれば、それだけそれは終了し難い。なぜなら、一大革命は決して可能とはならないであろうから。④

しかし、彼のような考えは決して多くはなかった。近代ヨーロッパにおいては、外交に携わる実務家だけでなく、思想家や学者の間にも勢力均衡を是認する人々が、少なからず存在したのである。とくにそれは十八世紀中葉において顕著である。ルイ十四世の助言者であったフェヌロンや、学者であり政治家でもあったイギリスのボーリングブロックやバークが勢力均衡を是認しただけではない。十八世紀のイギリスの代表的思想家ヒュームは『勢力均衡論』を書いて、その健全性を認めた。フランスではモンテスキューが同様の評価を示した。国際法学者ヴァッテルは、「ヨーロッパは一種の共和国である。その構成国は、独立してはいるけれども、共通利益のきずなによって、秩序と自由の維持のために一体になっている⑤」と書いた。そして、ギボンが『ローマ帝国衰亡史』のなかに書いた次の言葉は、当時の楽観的な雰囲気をもっとも典型的に述べたものと言うことができるであろう。

ヨーロッパを目してほとんど同一水平の文華と教養とを有する諸民族から成る一大共和国とみることを許されるであろう。勢力の均衡は動揺し続けるであろうし、またわれわれの国家や諸国の隆盛は交互に消長するであろう。しかしこれらの部分的情勢は、わがヨーロッパの列国およびその植民地をして爾余の人類以上に卓出せしめるところの社会組織・御制・習慣・風俗の一般的幸福の状態を質実に害傷することができない。[6]

こうして、近代ヨーロッパ、少なくとも十八世紀のヨーロッパにおいては、勢力均衡を肯定的に評価する雰囲気が強かった。そしてそれが、ヨーロッパの国際関係の特徴を構成するものなのである。たしかに、多くの人々が指摘してきたように、勢力均衡は国内政治においても、経済においても、また医学においても見られる一般的な現象である。それはそれぞれが主権を持つ国家の間の関係である国際関係において、なんらかの意味でつねに存在して来た。実際、モーゲンソーの言うように、「国際的な勢力均衡は多数の自律的単位からなる社会すべてがその構成部分の自律性に帰せられる、という一般的な社会原則の特定の表現にすぎない」[7]のである。それ故、「たとえ反勢力均衡派の人々が国家の政策を動かすことになっても、彼らは均衡を保持したり、作ったりするようなしかたで行動するようになるであろう」[8]と考えられる。しかし、すべての時と場所において、勢力均衡が肯定的に認められたわけではない。たとえば、戦国時代の中国や古代ギリシアにおいて勢力均衡は政略の原則として重要視され、用いられはしたが、しかし、好ましいものとして、積極的に評価されていたとは思われない。同様に、イタリアの都市国家においても勢力均衡がおこなわれた。しかし、それが賞讃されたのは、ずっと後、すなわちイタリアが混乱期に入って後、著作家たちがイタリアの黄金時代を振り返り、その重要な理由として均衡が維持されていたことを強調するという形においてであった。* それに対して、近代ヨーロッパにおいては、勢力均衡体系は望ましいものとして運営された。そこに大きな特徴がある。すなわち、近代ヨーロッパの勢力均衡体系は、ただ単に政治の世界に見られる一般的な現象である以上に、意識され、是認されたものであった。

* A. Vagt, "The Balance of Power", *World Politics*, Oct. 1948. たとえばグイッチャルディーニは一五三〇年代の終りに完成した『イタリア史』のなかで、イタリアは一四九四年以前に平和と静けさのなかで栄える黄金時代があったとして、そうした状況を作り保持した功績者の一人としてロレンツォ・デ・メディチをあげ、次のように書いている。「彼はイタリアの事態がよく均衡されていて、どちらか一方に傾くことがないように彼が持つ工夫と手段と指示のすべてを用いた。事実、当時のイタリアの状況はそうであったし、それがイタリアの平穏の基礎となった」。ヴァグトはこのグイッチャルディーニの文章を、「相当時間を経過したあとの慶弔文」としており、イタリアの勢力均衡に関する言及はすべて、そうした性格のものであると述べている。

そうした態度は何故に現われ、成立しえたのであろうか。それを検討するのが本章の目的である。そのためにはまず十八世紀の人々の著作を見てみなくてはならない。とくに、デーヴィッド・ヒュームの『勢力均衡論』は、当時の代表的見解として絶好の材料を提供してくれるであろう。

二　ヒュームの『勢力均衡論』——多様性への愛

デーヴィッド・ヒュームは、勢力均衡という考えが近代ヨーロッパに限られるものではないことを指摘することから論文を始める。[9] クセノフォンの著作も、ツキジデスの著作も勢力均衡の考え方がギリシア時代に存在したことを示している。

ツキジデスは、アテネに対抗して作られ、ペロポネソス戦争を生み出した同盟が、完全にこの原則〔勢力均衡原則〕によるものであったと描いている。そして、アテネが没落して、テーベとラケダイモンが覇権を争ったとき、アテネ（および他の多くの共和国）が、弱少の側に投じ、均衡を保持しようとしたのが見られる。

もちろん、歴史家たちが指摘して来たように、ギリシア人たちは政治的考慮というよりも競争心によって動かされたのであり、「各国は権威と支配を打ち立てるための根拠のある希望にもとづくよりも、他国を指導するという名誉を重んじていたように思われる」。しかし、「ギリシアの共和国が同盟関係を変えたことを嫉妬深い競争心の故と考えるにせよ、注意深い政治の故と考えるにせよ、結果は同じであり、優越した力を持つ国は必ず連合によって対抗されるのであった」。ペルシアの君主もギリシアの共和国に対して同様の原則にもとづいて行動したし、アレキサンダー大王の後継者たちもやはりそうした。さらに同様の原則は、あまりにも大きな力を獲得した個人を排除するためのアテネのオストラシズムやシラクサのペタリスムにも見られるとヒュームは論ずる。

しかし、ヒュームの論文の目的は勢力均衡原則が一般的なものであることを示すところにあるのではない。彼はつづいて、勢力均衡原則があまり作用しなかったローマ時代の国際政治を取り上げる。

ローマはその急速な征服や明白な野心から当然予測されるような大同盟による抵抗を受けずに、その隣国をひとつずつ事もなく征服し、最後にその支配を当時知られていた全世界に拡げた。

ロードスとアケイアは、その叡智と健全な政策で有名であったのに、ローマがフィリップとアンティオキアで戦ったとき、ローマの側についた。

マッシニサ、アタルス、プルシアスは、その私的な欲望のために、すべてローマを偉大にする道具となった。彼らはその同盟国ローマの征服を助けるにあたって、それが自らを鎖につなぐようなものであることを、考えてみなかったのである。

ローマの拡大に対して、勢力均衡の必要を悟っていたのは僅かにシラクサの王ヒエロだけであった。こうした状況から、ローマ帝国は成立したのであった。しかし、世界帝国は「偉大な害悪」である。

巨大な帝国は……人間性に害をなすものである――その成立の過程においても、それが継続しているときにもまた、作られてから間もなく始まる没落の過程においても。帝国を拡大した軍事的天才は間もなく宮廷、首都、政治の中心から去る。そして、戦争は遠くで、しかも国家の利益のごく一部分しか構成しないところで戦われる。ところが、古代の貴族たちは首都に愛着を持ち、宮廷に住んでいて、遠い、野蛮な国境へおもむかなくてはならない軍事的使命を決して引き受けようとしない。そのような土地は、彼らを楽しみからも、また富からも遠ざけるからである。それ故、国家の武力は外人たる傭兵たちに委ねられなくてはならないが、彼らは情熱も、愛着も、名誉心もなく、簡単に君主に反抗して、金を与え、略奪を許してくれる投機的な反抗者に加担する。それが人の世の自然の進行である。

彼はローマ帝国に対して、まったく厳しい評価を下している。「もしローマ帝国になんらかの利益があったとすればそれはそれ以前に、人類が全体として、無秩序で、非文明的な状況にあったということからしか論じえない」。ヒュームはこのような理由から、世界帝国に対立するものとして勢力均衡体系のために論じた。フランスの優越に対抗することを中心としてくり拡げられた十八世紀始めのヨーロッパの国際政治を念頭において、彼は述べている。

今やヨーロッパは、一世紀以上も、多分人類の政治的組織によって作られた最大の力に対抗して来た。そして、ここで論じている原則の影響故に、野心ある国家がここ五回の戦争のうち四回も勝利を収め、一回しか敗れなかったのにもかかわらず、その領土を大して広げてはいないし、ましてヨーロッパにおける優越を獲得してはいない。このような抵抗をしばらくつづけるならば、人間の営みの自然の流転と、思いがけない予知しえざる事件や事故とが、われわれを世界帝国から守り、世界を大きな害悪から守ってくれると期待してもよいであろう。

こうして、ヒュームが勢力均衡原則によって得ようとしたものは、まったく明白である。それは平和ではなかった。彼が勢力均衡原則に求めたものは一者による他のすべてのものの支配、すなわち世界帝国が成立しえないという保証であった。そして、世界帝国を拒否し、多様性を好む考え方は、近代ヨーロッパのほとんどの人が持っていたものであった。ヒュームと同時代の人モンテスキューが、ローマについて書いていることは、ヒュームのそれとほとんど同一である。彼はローマが世界帝国になったときその頽廃が始まったと考えた。[10] そして彼はその主要な原因を、ローマが巨大な帝国となることによって、ローマの市民精神が失われ、ローマが実質においてばらばらになったことに求めた。軍人は遠くで戦い、しかも自分の力を持つようになってローマのことをあまり考えない存在となった。市民たちは個人的利益のために「偉大な保護者に頼る気持」から、市民精神を失った。こうして、「ばらばらになったローマはもう皆が一つになることはなくなった」のである。その後約一世紀を経て、ギゾーは『ヨーロッパ文明史』において、やはり同じ主題をくり返した。彼によれば、ローマ帝国はその巨大さ故に衰亡した。ローマの支配者たちはその帝国の維持に努力したが、その巨大さが人々を無気力にし、国家への愛着心を持たない存在となることを妨げることはどうしてもできなかったのである。すなわち、ローマ帝国ではそれを支えようとする人がだんだんなくなって行った。そして「都市は都市だけに止まって、自己の城壁と自己の内事だけを顧み、そして都市は帝国となることを欲せず、市民はただ自己の都市の市民たることを欲したが故に、帝国は滅亡したのである」。[11]

これに対して、近代ヨーロッパは多様な存在であり、それが与える自由と活力が近代ヨーロッパに力を与えて来た、というのが近代ヨーロッパの支配的な考え方であった。たとえばギゾーは、ローマ帝国の滅亡につづいて、封建時代について論ずるが、彼は蛮族のもっとも重要な特徴を「個人的独立の悦び、世界と人生との運命の中に立って元気と自由とを享有することの悦び、労苦ではなく歓びとしての活動、不慮と不等と危険とにみちた冒険的生涯に対する興味[12]」のなかに見た。もちろん、そうした特徴を持つ蛮族は、人類にすぐに幸せをもたらしはしなかった。それは混乱と闘争をもたらした。「けれども、われわれはそれを悔いる必要はないと思う。……すべてのことを考究するに、この混乱した、苦しい、激烈な状態が、他の文明の特長たる単純性よりも人道の進歩に利益があった[13]」。すなわち、こうして独立した主体の間の競争から近代ヨーロッパ文明は育って来た、とギゾーは考えたのであった。そしてこのギゾーの書物をJ・S・ミルが取り上げ、その多様性と活力の強調に深い同意を示したあと、社会改革をおこない、より公正な秩序を形成して来た十九世紀の進歩がその裏に次のような危険を持っていると指摘したのを読むとき、多様性への愛がいかに一般的であったかを知りうるであろう。

われわれは半世紀の間、次第に信任を集め、次第に強力になって来た普遍的理念の帝国の下に生きて来た。巨大で、そしてほとんど抵抗し難い事態の推移の圧力の下に生きて来た。その結果われわれの精神と性格のなかに、ある種の弱さと女性的なものが育って来たのである。*

* J. S. Mill, "Guizot's Essays and Lectures on History", *Edinburgh Review*, Oct. 1845.　もちろん、ミルはここで、ローマ帝国のような世界帝国を考えているわけではない。しかし、彼は十九世紀の文明の発達のなかにかなり似た

危険を見ていた。文明は協力を中心的原理とするから、個人の力が弱まり、集団の力が増大する。その結果、人々は柔和さと人間らしさを増すが、英雄的ではなくなって行く。嫌なことをする能力——困難や他人のあざけりや悪口に耐える力——が減少しつつある。それは「文明の発達の自然の帰結」であり、対処するための措置がとられなければ、西洋の活力が失われる恐れがあると彼は論じた。こうした彼の考えは論文“**Civilization**”代表的著作『自由論』などに明らかである。

同様の考えはヒュームにもあった。ヒュームが『芸術と学問の勃興と発達について』で論じている次の文章は、なぜ彼が勢力均衡体系を選んだかというより深い理由を示していると言えるであろう。

教養と学問の向上にはいくつかの隣り合い、独立した国家が商業と政策によって互いに結びつくことが一番好ましい。これら隣り合う国々の間に自然におこる競争が進歩の明白な源泉をなすからであるが、私がもっとも言いたいことは、このように限られた領土というものが権力と権威の膨張を妨げることである。……いくつかの国が芸術と商業の大規模な交流をおこなっているとき、それら相互間の嫉妬が趣味と理論について相手の説に軽率に従うことを防ぎ、すべての芸術作品を周到な注意をもって吟味するようにさせる。また世論というものも、そう容易にある場所から他の場所へと拡がりはしない。[14]

実際、われわれはこのような発言をいくらも見出すことができ、そして近代の始まりのマキャヴェリまでさかのぼることができるのである。彼はローマにおける貴族と人民の闘争にローマ共和国の繁栄の原因を見た。

ローマ帝国がもう少し平和だったら、その結果、この国の弱味は大きくなり、やがては到達する繁栄への道を自分の手で塞ぐという不利な有様になったにちがいない。だから、ローマが国内の紛争を根絶しようとでも思ったとすれば、自らその大国となる手段を残らずなくしてしまう結果になったわけである。⑮

しかも、多様性はただ単に活力の源泉、創造力の源泉につきるものではなかった。それは自由を保証するものでもあった。より正確に言えば、近代ヨーロッパの人々にとって、多様性、競争、活力、自由は不可分にからみ合ったものなのであった。それはヒュームが先にあげた論文のなかで、次のように書いていることに示唆されていると言えるであろう。

中国には教養と知識の巨大な蓄積があったようで、その蓄積が幾世紀か経ってそれまでよりも一層完全に洗練されたものに成熟することができた。しかし中国は一つの言語を話し、一つの法によって治められ、同じ感じ方をする一つの広大な帝国であって、たとえば孔子のような一人の師の権威は帝国の一方の端から他の端まで直ぐに広まって行った。そして世論に逆らうだけの勇気があるものは一人もいなくて、後世の人々にも彼らの祖先が広く受け容れたものを批判する気力を欠いていた。⑯

ギゾーは、そのことをより明快に論じている。彼はすべての国民の生活において闘争が現われたが、普通そうした闘争はほとんど例外なしに、優越を争った勢力のひとつが勝利を得て治まり、それが社会を支配するようになったのであり、ただ近代ヨーロッパ文明だけがその例外であると考える。⑰そして「他の文明においては、単一の原理、単一の形式が排他的に、少なくとも非常に有力に支配したということが専制政治の原因であったが、近代ヨーロッパにおいては、社会的秩序を構成する要素が種々雑多であること、その要素が相互に排斥し合うことのできなかったことが、今日勢力を得ている自由を生んだのであった⑱」。

しかし、なんと言っても、自由と多様性の関連をもっとも深く考えたのはモンテスキューであった。彼は自由という言葉が勝手気ままに使用され、結局のところ「各人の慣習またはその嗜好に合う政体を自由と呼ぶ⑲」傾向があることを批判した。また彼は君主政も共和政も、そして民主政も、そのまま自由を保護するものではない、と論じた。「君主政においては、人民は何事もその欲することをするが如く見えるので、この種の政体において自由が存するとせられる」が、しかし、それは「人民の権力と人民の自由の混同」なのである。⑳「政治的自由は決してその欲することを為すことに存しない」、それは「欲すべきことを為すことができ、かつ欲すべからざることを為すべく強制せらるることなきことにのみ存する」のである。[21] だから結局それは制限政体においてのみ見出される。しかし、「それは制限国家においてつねに存する訳ではない。それはそこで権力の濫用が為されぬ時に限って存在するのだ。しかしながら、すべて権力を持つ者はそれを濫用しがちだ。彼は極限までその権力を用いる。これは不断の経験の示すところだ。まことに徳性自体にすら限界を置く必要があるのだ」[22]（傍点筆者）。

こうして政治的自由の維持は「徳性自体にすら限界を置く」というような複雑で困難な作業となる。彼はそのために不敬罪や瀆聖罪など刑法のあり方について、くわしく考究した。[23] また、租税の徴集について、「国家の必要および市民の必要」の双方を考慮しなくてはならないと論ずると同時に、さまざまな理由に基づく過度の租税徴集の危険を説いた。* しかし、彼がもっとも重要視したのは、権力の集中を防止することであった。それは権力は必ず濫用されるという彼の思想からして当然のことであったと言えるであろう。その方法として彼が説いたもののなかでもっとも有名なものは立法権、執行権、裁判権の三権を同一の人間の手中に置かないという三権分立の思想であるけれども、彼はまた階級間の均衡にも目を向け、[24] さらに地理的な意味でも権力の集中を避けることを重要視した。そして、そのなかには、国内における分権と共に、一大帝国が支配するのではなく、いくつかの国が並立することが含められていたのである。[25] 彼は気候と地形からアジアでは大帝国が現われ、ヨーロッパでは「中位の大きさの国」が数多く現われたことを、きわめて重要視した。

* モンテスキュー『法の精神』。たとえば彼は、自由な政体、制限政体における過度の租税徴集の危険についても論じているが、それは彼がいかなる原理に立つ政体も、濫用と均衡の喪失によって腐敗すると考えたことを示す例として興味深い。彼は、政体が自由であり、制限的であれば、国民の政府への信頼度がたかいから、多くの租税を徴集できると述べたあと、次のように述べている。「自由のこうした大きな利益は、自由自体の濫用をもたらした。制限政体が見事な結果を産んだので、人々はその節制を捨てた。人は多くの租税を引き出したので、それを過当に引き出そうと欲した。そして、自由の手がこの贈物をくれたことを知らず、すべてを拒絶する隷属制に赴いたのだ」。第十三篇第十五章。

欧州では自然的分割が中位の大きさの国を数多く形成している。その国々においては、法による統治は国家の存立と矛盾するものではなく、反対にそれなくばその国は没落し、すべての他の国に劣るに至るほど、それにとって有用なものである。

自由の精神——それは外国の権力をして、法およびその通商の利益によるに非ずして、欧州の各部分を征服し、従属せしむるに、非常な困難を感じせしめる——は実にこれによって作られたのだ[26]。

こうして、一大帝国ではなく、多様性を保ちうる状況、すなわち勢力均衡体系が、「アジアの無力および欧州の強力、欧州の自由およびアジアの隷属性の大きな理由[27]」と考えられたのであった。彼がヨーロッパ文明の多様性をいかに重んじていたかは、彼が自国が覇権を求めて失敗したことを、次のように喜んでいることから明らかであろう。

非常に長時に亙って支配をつづけた強大な君主〔ルイ十四世〕の敵たちは、しばしば余の信ずるところによれば、理屈に基づいてより、むしろその恐怖心に基づいて、その君主が世界帝国樹立の計画を立て、これを追求したと言って弾劾した。もし彼がその計画に成功したならば、それはヨーロッパにとって、彼の元の臣民にとって、彼にとって、また彼の家族にとって、この上なき不幸であっただろうが、真の利益を知っている神は、敗北によって、勝利によってよりも多くの利益を彼に与えた。(23)

こうした知的伝統を考えるとき、カントが『永遠平和のために』において、赤裸々な権力政治を批判し平和のための国際連盟を提唱しながら、世界国家にははっきりと反対したことはごく当然のこととして理解されるであろう。

国際性の理念は、多くの相互に独立した隣接国家の分離を前提するものである。ところがかかる状態はそれ自体すでに戦争の状態である。しかし、それにもかかわらずこの状態のほうが理性の理念によれば、他を圧倒して世界王国にまで進展する一強国によって諸国家が融解せしめられるよりもましなのである。なぜかと言えば、法律は統治の範囲が拡大されるにつれてますます威力を喪失し、かくて魂のない専制政治は善の萌芽を根絶せしめたあげく、無政府主義にけっきょく堕してしまうからである。

人間がさまざまなところに住み、そして言語および宗教の相違によっていくつかの民族に分たれていること、すなわち世界の多様性に、人間の活力の根源があり、法の支配の保証があるという見方においても、カントは近代ヨーロッパにおける支配的な見方を代表していたのであった。[20]こうして、勢力均衡体系が近代ヨーロッパにおいて肯定的に評価されていたことの理由は明らかであろう。

三 「諸国家の諸利害説」

とはいえ、多様性は人間にとってつねに好ましいものと決まっているわけではない。それは混乱をもたらしうるし、その結果無政府状態が現われ、「万人の万人に対する戦いの状況」が訪れるならば、文明は危険にさらされ、人間は苦しまなくてはならないからである。しかし、近代ヨーロッパの政治家や思想家たちは、各国の並立という多様性にひそむ危険をあまり大きくは考えていなかった。彼らにそのような楽観を可能にさせた理論はどのようなものであったのだろうか。

ひとつには、国家は独立性が大きく、個人の場合と比べて相互に依存し合う必要が少ないことが注目された。ヴァッテルは世界政府が不必要であるということの根拠をそこに求めたが[30]、ヒュームもまた国家間の関係について次のように書いている[31]。

個人と王国の間には相違がある。人間性というものから、人間はどうしても他の人間とのつき合いなしには暮らして行くことができない。そしてこのつき合いは衡平と正義の法が尊重されないならば、決してありえないであろう。無秩序、混乱、万人の万人に対する戦争は、そうした勝手な行動の必然の結果である。しかし、国家はつき合いがなくても生活して行くことができる。彼らは全般的戦争の状況下においてさえ、ある程度存続しうる。

ここにわれわれは、国家の上に立つ政府がなくても、国家はその存在まで脅かされることはないという考え方を認めることができるであろう。つまり、主権国家の並立という状況は、共通の政府を持たない個人が並立する場合のように危険な「万人の万人に対する戦い」にはならないと考えられたのであった。そうした考え方は、ホッブス[32]においても国際法学者ヴァッテル[33]においても認められる。しかし、それだけでは、国際的無政府状態の危険が少ないというあくまで消極的な議論でしかない。近代ヨーロッパにおいては、それ以上に、国家間の関係がかなり満足すべき形で運営されうるという積極的な議論が存在した。各国がそれぞれ独自の判断で行動しながら、その間の関係が相当合理的なしかたで処理され、かなり安定した国際体系が成立しうるという気持があった。国際法学者ヴァッテルは世界政府の樹立に反対したが、その根拠として彼はその必要性が少ないことをあげると共に、次のように述べている。

国家はその問題の処理において個人と異なる。猪突猛進的な動きや、個人の気まぐれが決議をさせたり、政策を決めたりすることは、普通にはない。助言が受け入れられ、より多くの冷静さと熱意が示される。そして微妙で重要な状況においては、条約という手段によって取決めや協定がなされる。[34]

こうした楽観主義は、決してあてのないものではなかった。「諸国家の諸利害説」、すなわち各国の「利益」と「力」の分析に基づいて、自国の利益の増進をはかりながら必要な妥協をおこなうという原則が、国際体系を運用する原則となりうると考えられていた。そうした考えは、外交に実際にたずさわる人々の間に現われ、十八世紀にははっきりした形をとった。彼らは現実の外交と無関係の思想家たちのように、権力政治を簡単に否定してしまうわけにはいかなかった。哲学者であると同時に外交官であったライプニッツがサン・ピエールの「永久平和案」について、「人間は死んで墓地に葬られたあとでは、サン・ピエールのような永久平和に達するであろうが、生きた人間、とくに君主たちは、サン・ピエールの考えるような国際法廷の裁判には少しの敬意も払うまい」と述べたのは、彼らの態度をよく表わしている。しかし彼らは、ただ権力政治を分別なくおこなえばよいと考えていたわけではなかった。彼らは、権力政治にはそれなりの法則があると考え、その解明、認識に努力した。それは現実の外交の運営にとって不可欠のものだったからである。実際、マイネッケが述べているように、「報道をおくる外交官こそ、諸国家の利害に関する理説の実際の発見者にほかならなかった。もしその外交官にして自己の課題をより重大なものと理解したならば、そこに生起した事柄や成就された事柄を報告し、もろもろの人物の特性を描き、異国家の諸勢力に対する統計的資料を蒐集するだけでは満足できないで、日常の諸事件・意図・可能性を一個の公分母のうえにおこうと努めずにはいられなかったのである」[35]。

それ故、イタリアの都市国家では報告の観察術が発達し、とくにヴェニスのそれは広く人々に知られるようになった。そしてそのような報告は、条約などの公文書と共に次第に蓄積されて行った。そうした外交文書の保管・分類・研究がイタリアでは相当早くからおこなわれていたが、そうした習慣はやがてヨーロッパの各国の採用するところとなり、各国の外交行動を研究する材料を与えることになった。十八世紀にフランスやイギリスやプロシアなどで始められた外交官の教育において、エチケットと共に、条約の作成方法と交渉術が主要な科目となり、その教材に公文書が使われたのは、こうした発展の自然の結果であった[36]。こうして外交に関する理論は経験的な事実の研究から生まれたのである。マイネッケの言うように、「純経験的な原理、つまり著名な手本を頼りとし、精神的に過去にすがりつく傾向の原則的な拒否が勝利を占めた」[37]。そこにはまた、外交においてはすべての状況にあてはまる法はなく、その時々の力関係によって定められる具体的な取決めしかありえないという認識と、しかしながら、その底にはある原理のようなものが支配しているはずだという合理主義が見られる[38]。

もっとも、イタリアの都市国家の場合には、人々の目は国家の個性というよりはその権力を手中にした人間の個性に向けられることが多く、それ故、集積される知識は断片的なものに終らざるをえなかった。それは、国家の動向が国家の権力を手中にする人々の動向によって左右されるという、イタリアの都市国家の体制の個人的性格と短命さの反映であった。* しかし、ヨーロッパに政治の重心が移ると共に、超個人的な利害が注意の対象となって行った[39]。ヨーロッパの各国はイタリアの都市国家に比べて大きく、それ故組織的でなくてはならなかったから、権力を手中にする人々の動向によって左右されるところが少なかったからである。

* ニコルソンは、イタリアの外交が短期的な利益を求めて離合集散をくり返すという性格のものであったとした。「交渉の技術は、彼らにとって即金払いの高い賭け金を求めての危険なゲームであった。それは興奮した雰囲気のなかでおこなわれ、そこに狡猾さ、あわただしさ、仮借なさが結びついた」。こうした性格のものとなった主たる理由は、ニコルソンによれば、イタリアの制度のうつろい易さであった。H. Nicolson, *op. cit.*, p. 31, p. 46, p. 48.

実際、国家の政策決定にあたって、国王の気まぐれや感情の作用を厳しく排斥することは、

「諸国家の諸利害説」派の人々の共通の特徴であった。たとえば、この派の代表的人物ボーリングブロックは、その有名な『愛国王の理念』[40]のなかで、王も人間である以上、感情の激発、一時的な不注意、さまざまな誘惑への屈服などの欠点を持ち、誤ちを犯すことがあるだろうと論ずる。しかし、それがたまにしかおこらなかったり、また、すぐに修正されるときには、「太陽の中の黒点」のようにかくされていて、問題にならないであろう。

しかし、それは依然として黒点である。それが継続するとき（というのは、そこに危険があるので、それが継続するとき、それは増大するからである）、それはもはや点ではなくなり、広いかげのように拡がるし、以前には点をかくしていた光を、今度は暗くしてしまう。王の美徳は、その人間の悪徳のなかに失われる。[41]

こうして王がその「激情や恣意にしたがって」支配した場合、たとえば、その国の能力以上の政治的野心や、さらにはもっともつまらないことに力を濫費する場合、借財を作り、国民から過大な税金を取り立てて、国家を疲弊させるというようなことになるであろう。[42]そうしたことのないようにするのが「愛国王」の基本的な心構えでなくてはならぬと、ボーリングブロックは主張したのであった。

また、彼らは宗教的信条が外交政策に影響を与えることを排除しようとした。たとえばリシュリューに仕えたアンリ・ド・ロアンのカソリック教に対する分析はそのことを示している。[43] 彼はスペインがカソリック教を、その利害を推進するためのイデオロギー的な手段として利用していると考えた。スペインは、法皇に対してはスペインの勢力がその権威の維持にとって不可欠であることを銘記させる。イタリアの諸侯には、その宗教の独立の擁護者として現われる。フランスでは、国王を励ましてプロテスタントの抑圧に乗り出させながら、他方、秘かにプロテスタントを鼓舞して王権を弱めようとする。逆にプロテスタントのイギリスとは、両インドとの交通を確保するために、平和を保っているが、しかし友好関係の仮面の下に、イギリス国内におけるカソリック教徒の庇護者となり、フランドルやスペインにおけるイギリスのカソリック青少年の教育施設を支持している。そしてドイツのハプスブルグ＝カソリック帝権やスイスのカソリック教を支援し、プロテスタント国オランダについては、その宗教的分裂を利用しようとしている。こうしてスペイン外交の底を流れるイデオロギー的要因を認識したロアンは、スペインがその外交のイデオロギー的性格故に際限のない目標を追求する傾向があるところに、その弱点を見た。それに対してフランスは、自然によって定められた課題の追求、すなわち限定された目標の追求をおこなうべきである。そのため具体的には、スペインの覇権に対しては均衡を主張し、プロテスタントに対しては改革を望むけれども、滅亡を望むものではないことを明らかにする、というのがロアンの説いたところであった。

こうして、国家はその利益のみをその指針とすべきだという立場が現われる。ロアンは言っている。「君主といえども欺されることがあり、その顧問官は買収されることがあるけれども、利害だけは決して欠けている（manquer）ことがない。このような利害がよく理解されるか悪く理解されるかによって、それは国家の存亡を決するのである」[44]。

なぜなら、そのような「利益」は国王の気まぐれや宗教的信条とちがって、合理的な考察の対象となりうると考えられた。ボーリングブロックは、国家の「真実の利益」を決定する要因として、「国家の置かれた状況、人民の性格、政府の性質、気候や土地の性質」をあげているし、プッフェンドルフは「国家の置かれた状況とその構成、および人民の性格」をあげている。[46]そうした考え方はクルティール・ド・サンドラやルッセにおいても存在した。すなわち、政府の形態と地理的条件が、国家の「真実の利益」を決定する基本的要因であると考えられた。そして、国家の構成をさらにくわしく考えた場合、国家の大きさと人口、その主要な経済活動、軍事組織のあり方と強さなどが考察された。[47]たとえば、ボーリングブロックは、主としてその地理的条件から、フランス、イギリス、オランダが、貿易に依存する程度において異なることに注目した。フランスにとって貿易と通商は、その自然の富と力を増大させるひとつの方法である。イギリスは、貿易と通商を改善することなしには豊かになれない。そして「オランダはそれなしには生きていけない」。ここから三国の「利益」の相違が現われる、というのが彼の分析であった。[48]また彼はイギリスが島国であることから、その安全の確保が容易であることを力説した。「他の国々はその隣人たちのすべての動きを注視し、もしできるならば、そのすべての意図を見抜き、もっとも小さな事態すら予測し、ほとんどすべての危機的局面に関して、取決めを結び、参加しなくてはならない」。しかし、イギリスは「容易に攻撃されることも、また急に攻撃されることもない」のである。それ故、イギリスは大規模な軍隊を持つ必要がないし、それは「軍政」の危険を減らし、「良き政府」を可能にする上で重要なことである、とボーリングブロックは論じたのであった。[49]

以上の例からわれわれは国家の「利益」が、具体的な資料の考察によって見出されうるものであり、また、そうされなければならないと考えられていたことを知るであろう。すなわち、それは相当程度まで計量可能なものであった。「諸国家の諸利害説」派の人々は、それに信頼を置いた。そしてこのように対外政策の基礎を合理的な計算の上に置こうとする傾向が、フリードリッヒ大王においてその極に達したことは多くの学者の指摘しているところである。*

* たとえば、すでにあげたマイネッケやギルバートの著作はその一例であるが、さらに F. H. Hinsley, *Power and Pursuit of Peace* (Cambridge U. P., 1963) も秀れているし、フリードリッヒ大王の新しい伝記としては Nancy Mitford, *Frederich the Great* (London,1970) を見よ。各国の「利益」についての彼の分析はきわめて秀れていたので今日なお使用されている概念の基礎となっている。たとえば彼は、ヨーロッパの諸国を、(1)独自で行動しうる国、(2)それ自身で権力運動をなすある程度の余地を持っているが、結局はヨーロッパの大強国のひとつに依存する国、(3)外国の後援を受けて初めて行動しうる国、に分けたが、それは依然として大国、中級国家、小国の区別という形で受け継がれている。また、彼は威信を尊ぶフランス型外交と、威信よりも富を重要視するイギリス型外交とを分けたが、この分類もまた有効性を保っている。

そうした合理主義は、国家間の関係の運営について、彼らを楽観的にさせた。すなわち彼らは、各国がそれぞれその「利益」を追求することが収拾しえない混乱に導くとは考えなかった。なぜなら、ひとつには「利益」という概念の性質上、一国の利益は他国の利益とつねに対立するものではない。「利害の対立」と同時に「利害の一致」がつねに存在する。それぞれ自国の「利益」を追求して動く各国の行動が結ばれる接点がそこにあった。もっとも、この点を過度に強調し、ニコルソンのように、「敵対者の間でお互いに妥協する方が敵を完全に潰滅するよりも、普通、利益があるものだという仮定」[50]に基づく商人的外交観が当時のヨーロッパを支配し、それが健全な外交を作り出した、とするのは言いすぎかも知れない。近代の初め、ヨーロッパの政治を担当した人々は、国家間の利害の共通性に注目するよりも、各国がそれぞれ力の増大を求めて抗争しているという側面に目を注いでいたからである。しかし、それと同時に、彼らは国家の力の限界をよくわきまえていた。たとえばフリードリッヒ大王は「政治的遺言」で次のように言っている。

偉大な君主で自己の支配を拡大しようとの考え方を抱懐していないようなものはないということをそなたも肝に銘じておくように……。君主は必然的に野望を持たねばならない。しかし、この野望は賢明で中庸を得ており、理性によって啓発されていなければならない。*

＊　たとえばフリードリッヒ大王はフランスの外交について、ライン国境を要求するのはその利害の要求するところだが、ヨーロッパ政治の決定者になろうとするのは虚栄心のためであると述べているし、「政治的遺言」の

なかでも、虚栄心からおこなう戦争を利害からおこなう戦争と区別し、虚栄心に従うことを愚行として排斥した。マイネッケ、前掲書、四三三ページ。

同様に、ヒュームは始めに紹介した『勢力均衡論』をイギリスが過度の介入をおこなうのを戒めるという意図を持って書いた。ひとつにはイギリスは近代政治の「慎慮」よりもギリシア的な競争心に動かされている。また、イギリスがフランスとの対抗関係をあまりにも明白に宣言したため、各国がイギリスの介入を自明のことと考え、イギリスは各国によって利用されるようになってしまった。第三に、「われわれはあまりにもまぎれなき闘士であるため、いったん戦闘が始まると、われわれ自身と子孫のことを見失い、ただ敵を悩ます最善の方法を考えるだけになってしまう」。このようなことをつづければイギリス人はやがて疲れ果て、好ましくない反動がおこるであろう、というのがヒュームの警告であった。彼はイギリスの力の限界の認識故に、イギリスがそう重要ではない「利益」のために国力を濫用することを戒めたのであった。ボーリングブロックが少し前『愛国王の理念』で述べようとしたことも、同じ趣旨のことであった。

実際、「他国の助力を頼りとしていない強大な国家というものは、ほんのわずかしか存在しない」[51]というロアンの言葉は、ヨーロッパ諸国の政治家に共通する気持であった。そして、他国の助力を頼りにしなければならないのであれば、当然、他国の事情を考慮し、「利害の共通性」に目を向けなくてはならないことになるし、信頼関係さえをも問題にしなくてはならないであろう。

冷酷な策略家として知られるリシュリューが、その『外交的遺書』において、外交は偶然の取決めや機会主義的な取決めを求めるべきでなく、確実で永続的な関係を作ることを目指すべきであると書き、それ故条約をいったん結んだならば「宗教的敬虔さ」をもって守るべきであると述べたのは、その間の事情を示しているように思われる。[52] なぜなら、短期的な考慮や便宜にもとづく行動は、外交についての秀れたテキストである『君主と交渉する方法について』を書いたカイエールが述べたような欠点を持っているからである。

よき交渉者は、自己の交渉の成功を偽りの約束や約束違反に基づかせるようなことは決してしない。一般の人が想像するように、有能な大使であるためには詐欺術の大家でなければならない、と考えることは誤りである。不正直は、事実、それに訴える者の心の卑しさを証明するものでしかなく、またその者が才能に乏しいために、正当な道理に叶った方法で自己の意図を達成できないことを示している。たしかに嘘をつく術は、外交官によって時には使われ、そして成功して来た。しかし、他の場所においてと同様、ここにおいても、最良の策である正直と異なって、嘘はつねにその後に一滴の毒薬を残してゆく。……この上ない眩惑的な外交的な勝利ですら、それが欺瞞によって得られたものであるかぎり、不安定な基礎に基づいている。そのような勝利は、敗北した側に、憤怒の感情と、復讐の欲望と、つねに一個の危険である怨恨を残す。

虚偽それ自体は心の正しいすべての人の反発を買うものではないにしても、交渉者は、自分が外交的業務に絶えず携わりながら余生を送るかも知れないということ、そしてある程度の経歴の後、廉直で誠実な交渉をするという評判を確立し、人々がただちに自分の言葉を信用するようにすることが自分にとって必要であることに留意しなければならない。[53]

こうして、諸国家の利益は、利害の対立と一致を共に含みながら、複雑、微妙にからまり合って、あたかも「精巧な時計仕掛け」*のような体系を構成するものと考えられた。そして、それを解明し、その上に立って行動するのが外交であり、それを怠ったり、独走したりする国家には災いが待ち受けていると人々は考えた。すなわち諸国家の「利益」の正しい認識にしたがって行動することによって、国際政治は原始的で野蛮な権力政治に堕することから免れる、というのが、当時の人々の認識であった。

* 国際体系を「精巧な時計仕掛け」にたとえることは、十八世紀のヨーロッパにおいてきわめて一般的なことであった。

ギルバートによれば、

利害は十八世紀の外交と外交の討議における決定的概念（crucial concept）であった。「利害」は外交政策を支配する法則の鍵を提供するものと考えられた。「利害」を外交政策の推進力と見ることによって絶えずより大きな力を求めることと膨張の事実は認められたが、しかし、同時に「利害」の概念の分析は、一見無政府状態に見える権力政治の背後のルールやシステムを発見する可能性を示唆するように思われた。[54]

こうして、「諸国家の諸利害説」は、各国がそれぞれ自国の利益の促進をはかりながら、国際体系のことを念頭において他国の「利害」との妥協をはかるようにさせたのであった。そこに、勢力均衡論の楽観論の基礎があった。

四　十八世紀ヨーロッパの条件

しかし彼らの楽観主義が幻想に終るということはなかったであろうか。以上のように各国がそれぞれ自己の「利害」を合理的に認識し、その利益を推進することが全体的な調和に終るという保証は理論的には存在しない。われわれはそうでないことの実例を知っているし、政策決定が合理的にはおこなわれえないことを示した多くの研究を持っている。まず、国家の政策は合理的な利益の計算によってよりも、激情などの非合理的要素によって決定されるところが多い。実際、過去の激烈な戦争の多くは利益の衝突のためではなく、各国が自尊心やそれが信ずる道義的原則のために、利益の考慮に反して行動することによって、おこっている。なぜなら、物質的利益はほとんどの場合、分割可能であり、それ故ホッブスが紛争原因としてあげた「二者が同一のものを欲し、しかも二者が共には享受しえない」[55]ものの範疇には入らない。それに物質的利益の対立の生み出す暴力への衝動は、他人への好意や愛情、闘争の結果への恐れ、それに暴力を嫌悪する道徳などの要因によって抑制されうるのがつねである。そうした抑制を排除して人間が暴力に訴えるのは、人々にそれだけの正当性を確信させるもの、[56]すなわち、ホッブスやルソーが用いた意味での自尊心や道義的原則に関連する問題が発生したときなのである。そのことを逆に言えば、「利益」は国家を動かすもっとも重要な要因とは言えないということであり、したがって各国の利害関係の考察は国家間の関係の運営にとって、ごく部分的な指針しか与えないことになる。第二に、人々は政策決定にあたって、合理的に見て最善の選択というよりは、それまでの習慣に沿った選択をする。それはハーバート・サイモンが述べているように、[57]最少の知的努力ですむ決定様式だからであると共に、またリチャード・メリットが書いたように、政策決定者の「自画像」を傷つけないですむ方法だからである。* その結果、自分の目標を達成するために逆効果であるような決定をおこなってしまう。

* Richard Merritt, "Woodrow Wilson", *Review of Politics*, Jan. 1965. メリットはウィルソンが一九一九年の選挙演説において、選挙に勝利を収め、上院議員を説得するために適切なことをおこなうのではなく、ウィルソンが自ら描いた自画像（セルフ・イメージ）を守るために必要なことをおこない、客観的にはもっとも下手な行動をとったことを示している。

こうして、人間の政策決定が合理的なものであることには困難を伴うと同時に、各人によるその利益の主張が調和することもまた難しい。まず、ルソーが鋭く指摘したように、共通の利益はすべての国にとって魅力のないものである。なぜなら、人間は他のものと比べて自分がどれだけ多くの（あるいは少ない）利益を受けているかという「見せかけの利益」によって動くものであり、すべてに共通の利益を評価することはしないからである。*判りやすく言えば、人間は他人より多くの利益を受けるためには努力するが、すべてのものに利益を与えるようなことのためにとくに努力はしない。こうして「共通の利益」は人々を動かさない。同じ理由から、「共通の利益」とまではいかない「利害の妥協」も、困難である。なぜなら、各国は自国に有利な妥協を求め、それのみに満足するからである。それに、国家の利益は一般的に定義することがおよそ困難なものである。いかなる利益をより重要視するかという優先順位は国によって異なる。ある国にとっては領土の拡大が、ある国にとっては通商権の確保が、そしてまたある国にとっては国家の威信をたかめることが、それぞれもっとも重要な利益と考えられるのである。それに、国家は一枚岩のようにまとまった存在ではない。そこにはさまざまな利害関係や意見を持った人々が存在し、団体や階層を構成している。だからその全体にとっての利益は一義的に定義することはできないのである。**こうして、「利害」を外交の基準とすることによって国家間の関係を調整できるとは限らない。それに、ある事情の下では、国家は相互の恐怖のとりこになって、明らかに相互の利益に反する道を歩むことがある。すなわち、ラパポートを始めとする人々が説く「囚人のジレンマ」[58]のなかに置かれるのであり、長期的に見て協力するのが最善の道であることが判っていても、非協力的な道をとることになるのである。

* ルソーは人間をもっとも強く動かすものが自尊心（amour-propre）、すなわち、他人と比較して恵まれていることを望んで行動する、という考え方を持っていた。それ故、人々が共通の利益を目指して動くことに、彼は懐疑的であった。Vaughan, *op. cit.*, Vol. I, pp. 304-5, p. 389, p. 391, p. 392.

** 国家の利益にはさまざまな種類がある。たとえば、(1)その構成員の一部にとって利益であるもの、(2)その構成員の多数にとって利益であるが一部には不利であり、全体としては利益を与えるもの、(3)その構成員の多数にとって利益であり、一部には利益も与えず、不利も与えないもの、(4)その構成員の各人にとってすべて利益であるもの、という具合に形式的に分けうるであろう。そして、現実の世界では(3)や(4)のようなものはほとんどない。それに、時の経過を加えるならば、ますます複雑になる。短期的には各構成員に相当の犠牲を強いるが、長期的には、すなわち、その子や孫のころには利益を与えると思われるものなどを考えなくてはならないからである。こうして、なにが国家利益であるかを一般的に決めることはまことに難しい。

各国がその国家的利益を追求するという外交とそれが作り出す国際体系は理論的に見てこのような問題を持っている。それにもかかわらず、近代ヨーロッパ諸国はかなり調和した関係を保ち、国際社会は安定を保ちえた。それは何故であろうか。

まず、われわれはヨーロッパ諸国の間に存在した紐帯に目を向けなくてはならない。近代ヨーロッパには、多くの人々が指摘しているように、さまざまな紐帯があった。第一に経済的なつながりがあった。われわれは早くも十七世紀初頭のイギリスの覚書において、「神はある国の余剰が他国の不足を補なうことを、人類の社会のために定めた」[59]という文章を見ることができる。しかし、より重要なものは人的なつながりであり、それと不可分の文化的なつながりであった。たとえば、イギリスとオランダの戦争の間、イギリスはオランダの技術と商業組織の利益を享受しつづけたし、ウィリアム三世は手袋や化粧品をロンドンの商店から買ったが、こうした例は無数に存在する。そしてそれは、こうした活動をおこなう人々の間に国家を越えたつながりがあったことを示している。別の種類の人的なつながりもあった。王や貴族は結婚を通じて相互につながっていたし、それに、彼らが受ける教育もまったくよく似たものであった。同じようなつながりは軍人の間にもあった。『十七世紀の戦争と社会』の著者ジョージ・クラーク卿によれば、「そうしたつながりは、ウィリアム三世と戦ったチュレインが従兄であったとか、イベリア半島でフランス軍を指揮したバーウィックがマーボロー公の不義の甥であったというような場合についてだけ言えることではない。それは軍人たちのすべての階級についてあてはまった。なぜなら、彼らは旅行し、言葉を学び、そして味方と敵からありとあらゆることを学んだからである。彼らの職業において、最善の外国のモデルを模倣することは早ければ早いだけためになることであった。しかし、それ故訓練や海軍の建艦などにおいて、ヨーロッパ全体を通ずる顕著な画一性が見られた。陸軍の将校、そして海軍のそれにおいても、作法やものの見方において、共通性が疑いもなく存在した」[60]。こうした人的なつながりと文化的な紐帯は、クラークが述べているように、「ヨーロッパの意識において無視しうる要因ではない」のであった。

実際、こうしたさまざまなきずなは、あの皮肉屋のヴォルテールをして、ヨーロッパは「いくつかの国に分れた偉大な共和国のようなもの」であると言わせるほどに密接に、ヨーロッパ諸国を結び合わせていたのであった。[61]

ヨーロッパの国のあるものは君主国であり、他は混合政体であるが、しかしお互いに調和し、いくつかの宗派に分れていてもすべて同一の宗教的基礎を持ち、公共と政治の同一の法則を持つもので、世界に他に例がない。[62]

こうした紐帯が国家間のコミュニケーションを保持し相互の恐怖心を和らげて、国家間に「囚人のジレンマ」の状況がおこるのを阻止したし、また国家間の関係を共通の基準によって処理することを可能にしたのであった。

しかも、十八世紀のヨーロッパ文化はおよそ狂信とは遠い存在であった。それがヨーロッパの諸国家の間にかなり調和ある関係が保たれえた第二の理由であり、J・ネフが名著『戦争と人類の進歩』のなかで強調しているように、きわめて重要な理由であった。[63] 十八世紀のヨーロッパ文化は質を重んじ、自制と均衡をたかく評価した文化であった。その雰囲気は、たとえばネフが引用した次のような奇妙なエピソードに象徴されていると言えるかも知れない。フランスの首相コルベールは、イギリスとの建艦競争に勝つため、造船業者ピュジェに対し、飾りのない軍艦を作ることを命じた。しかし、ピュジェはこれに強く反対し、それに対してコルベールも結局その命令を撤回せざるをえなかったのである。当時の軍艦はきわめて念入りで、高価な飾りをつけていたから、効率の点から言えば、コルベールの指示は疑いもなく妥当なものであった。しかし、「ヨーロッパにおけるもっとも強力な君主でさえ、支配的な文化に反する指示を無理強いすることはできなかったのである」[64]。

実際、自制の精神は、十七世紀末に現われた安価で、もっとも恐るべき兵器である銃剣の使用を妨げる上で大きな働きをなした。銃剣は十七世紀の間に開発され、世紀の終りには現在われわれが知っている形になった。それは発砲しながら、突撃することを可能にさせたのであり、画期的な軍事上の技術革新であった。しかし、突き殺すという行為の惨酷さへの嫌悪から、銃剣が実際に使用されることはほとんどなかったのであった[65]。

また、均衡の感覚はすべてのものに適度の大きさがあるという考え方を生み出した。それ故、国家の力を無暗に拡大することは否定的に見られた。それはイギリスが一七五九年にケベックを攻略したとき、ジェームズ・ウルフが「ケベックを攻めとるより、詩を書いていた方がよい」として引き籠もっていた事実や、「愛国主義は悪漢の最後の避難場所である」というサミュエル・ジョンソンの有名な言葉に現われていると言えるであろう[66]。彼らは決して国家を軽視したのではない。ただ彼らは国家の無暗な膨張や愛国心への盲目的な陶酔とはおよそ縁が遠い存在だったのである。そうした時代精神はなによりもモンテスキューの著作、とくに『法の精神』に典型を見ることができる。彼はひとつの体制や原則を絶対視することはなかった。さまざまな体制が、それぞれ固有の均衡を保って存在しているのを、彼は分析したのであった。そして彼はアリストテレスと同じように、国家がその原理にしたがって、それぞれ適当な規模を持つと考えた。たとえば彼は言っている。

共和政は小なる時は、外力によって滅ぼされ、大なる時は国内の悪弊によって滅ぼされる。この二重の欠点は、良き、あるいは悪しき民主政および貴族政に、同様に付着する。即ち、悪弊は事物それ自身の中にあるのだ。それを矯正し得る形式は存せぬ。(67)

それ故、第二節において述べたように、彼がルイ十四世の覇権獲得の努力が失敗に終ったのを喜んだことは、多様性への愛と共に、適当な規模の重視にもとづくものと言えるであろう。そして、決定的に重要なことに、彼らは自分たちの理論を極端まで推しすすめはしなかった。すなわち、彼らは十八世紀の風潮である合理主義を持っていて、国家間の関係の合理的な運営を目指したけれども、彼らの合理主義は決して教義的な合理主義にならなかった。人々は世の中のできごとには、偶然や不確定性がつきまとうことを認識していた。われわれはそのような発言をいくらも見ることができる。* たとえばリシュリューは、「己れの書物よりひきだすもろもろの格率にしたがって王国を統治せんと欲する人々ぐらい国家にとって危険なものはない」と書いた。

「なぜなら、過去は現在に対してなんらの関係をも有せず、またもろもろの時代・場所・人物の状態や素質は雑多なものであるから」[68]。同じように国家の政策を合理的なものとすることを指針としたフリードリッヒ大王は、さまざまな不確定性が外交にはつきまとい、「しばしば計画されていたものとは正反対のものが飛びだすことになる」[69]のを指摘し、「慎慮」を説くひとつの根拠としたのであった。こうした知的雰囲気が国家間の権力闘争を抑制したことは疑いない。

＊ネフは不幸を人生の一部とみなす態度とそれを甘受するわざが十八世紀には全体的に存在したことを重要視し、二十世紀の人々がそれを失ったことを不幸と考えているが、その主張のため彼があげている例は深く考えさせるものを持っている。

「二十年ほど前、ナチスがドイツで政権をとる寸前、あるアメリカの法律家がワシントンで国務省の高級職に招かれた。そして一時外交の責任をとっていたとき、アメリカの在外大使館の弁理公使から、狂乱的な回訓の請求を受けた。それはアメリカのある領事とヨーロッパの有名な政治的指導者の間の争いに関するもので、どうすべきかを聞いていた。弁理公使が国務長官代理から受けとった電文はただの三語であった。『笑いとばせ』("Laugh it off")、大使館は当惑した。『それはなにか暗号であろうか』。笑うという言葉は国際関係の語らいから消えていたのであった」。

いかに笑うかを忘れた世界には、なにか不吉なものがある。それは間違いなく、涙をただ単に弱さのしるしとみなし、それが人間男女を野獣から分けている人間性と信条という源泉からも出るものであることを認めえない世界であろう。十八世紀は笑いと涙の双方を知っていたし、理解したし、その真偽の区別ができた。その時代を支配し、その政治生活に影響を与えた芸術のなかで、笑いも涙も共に役割を持っていた。

そしてネフは十八世紀の笑いの代表として、「なぜそのように快活な哲学を持てるのか」と聞かれたセヴィリアの理髪師の答えを引いている。「悲しみの習慣のためです。私は泣き出さないかという恐れから、すべてのことで急いで笑うのです」。J. U. Nef. *op. cit.*, pp. 261–2.

しかし、近代ヨーロッパの国際関係の安定を可能にさせたものを、その知的雰囲気だけに求めるのは行過ぎであろう。なぜなら、国際政治の当事者たちが、誤った判断を下し、それによって行動する可能性は十分に存在したからである。さらに言えば、当事者がすべて合理的な行動をするならば、当事者の間のゲームとしての国際関係の運営が不可能になってしまう。実際、ヨーロッパの国際政治には多くの錯誤や愚行があったし、それだからこそ、外交は動いたとさえ言えるのである。それが大きな災いをもたらさなかったのは何故であろうか。たしかに、すでに述べたヨーロッパの知的雰囲気は、それを制約する要因ともなっていた。それは国家の対外行動にすべてを賭けるというようなことを不可能にさせるものだったからである。しかし、知的雰囲気はすべてではない。それはある意味で状況が生み出すものである。ヨーロッパに大きな災害を与えた第一次世界大戦は、国家間の対立を絶対的なものと見る知的雰囲気のなかで始まったのではなかった。それは限定的な戦争として始まり、短期間で終了すると考えられていた。それが長期化し、破壊の度合いが強まるにつれて、人々はそれに絶対的な意味を与えるようになったのである。* こうして状況と知的雰囲気は、少なくとも相関関係を持っている。

* そのひとつの理由は、人間が自己の行為を道徳的に正当化せざるをえないという性癖を持っていることであろう。偶然や錯誤によって大戦争を始め、それが大きな犠牲を強いるようになると、人々はそれに道徳的な理由

を与えるのである。カール・シュミットはそこに、大きな破壊力のある兵器を持つ現代の危険を見ている。カール・シュミット『パルチザンの理論』（一九六二年の講演にもとづく論文で、永井陽之助編『政治的人間』〈平凡社〉に収録されている）、とくに以下は示唆的である。「超在来型の兵器は超在来型の人間を想定する。……それ故に、究極的な危険はまったく絶滅的な手段が存在するということではない。また人間のあらかじめ冥想する邪悪さが存在するということではない。究極的な危険は道徳的な強制から逃れ得ないことである。他の人間に対してあの手段を用いる人々は、その他の人間を——すなわち自己のための生贄および客体を——道徳的にも絶滅するように強制されていると思う。この人々は相手方を全体として犯罪的および非人間的と、すなわち全体的な無価値と、宣言しなければならない」一六九〜一七〇ページ。

もっとも、第一次世界大戦に絶対的な意味が与えられたのが状況の故であると言い切ることも、正しくない。やがて本書の後半で論ずるように、第一次世界大戦前の数十年間に知的雰囲気は変化を遂げ、全体戦争に結びつきやすいものとなっていた。

だから、われわれは十八世紀ヨーロッパの知的雰囲気と共に、その状況を見てみなくてはならない。そこにもまた、国際政治の闘争を制約する要因があった。基本的には、十八世紀の初頭に現われたフランス、プロシア、オーストリア、ロシア、イギリスという五カ国の間の均衡が、そのほぼ等しい力のために、きわめて安定したものであった。十八世紀の始め、ロシアが登場しヨーロッパ国際体系の一員となった。プロシアも強大となって、ヨーロッパ列強の一角を占めた。スペイン継承戦役の結果、スペインとハプスブルグの連携は絶たれ、フランスは疲弊した。そして、イギリスが国内の安定と海外発展から力を増し、フランスと並ぶ第一級の国家となった。こ

のようにほぼ力の等しい国家が並立する状況は、自制への傾向を強めた。ヒンスリーによれば、

より多くの国家が、力においてより平等という状況ができたため、一国の力が少しでも増大することはすべての国に影響することになった。そこで、一国の力の増大に対する報酬の可能性がより多くなり、より明白に宣言されることになった。同時に、国家は中央集権と政府による支配を強めつつあったのでそうした危険を計算せず、ためらわずに行動することがますます不可能になった。この二つの理由から、対外政策の目標が現実的で制限された性格なものであると同時に、それが貪欲に追求されるという対照が〝旧制度〟、とくに一七五〇年以降の国際政治の大きな特徴となったのである。*

* F. H. Hinsley, *op. cit.*, p. 177. さらに彼は一七七五年にフリードリッヒ大王が書いた次の興味深い文章を引用している。「軍備と訓練がヨーロッパを通じてきわめて似かよっている上に、原則として同盟が交戦諸国間に力の平等な関係を作り出すので、現在、君主が成功を重ねてさえ、獲得を望みうるのは、せいぜい国境の小さな町かちょっとした領土にすぎない。それは戦争の出費に釣り合わない」。*Ibid.*, p.182.

それに三十年戦争などの苦い経験から、内政干渉という原則が確立した。われわれはそのことを国際法の著作に見ることができる。[70] 三十年戦争の最中の一六二五年に『戦争と平和の法』を書いたグロチウスは、他国の抑圧された人民を救うためであれば、君主は他国の内政に干渉しうると書いた。それに対して、五十年後にプッフェンドルフは内政干渉を厳しく戒めたのであった。

われわれはこうした知的雰囲気の変化の背後に、近代国家の基礎が固まって行ったのを見ることができるであろう。近代の始まりにおいて、国家はまだまとまった存在ではなかったから、その内政に介入しないということは現実的ではなかった。しかし、そうした混沌たる状況がおさまって行ったとき、他国の内政に介入することが避けうることであり、また避けるべきことになったのである。そしてそれは、国家間の権力闘争の分野を制限することになった。クラークはこのことを重視している。彼によれば十七世紀始めの戦争は、「組織化された力」の行使という性格が薄かった。しばしば国家が「不完全で、その場当りのかたまり、内戦のかたまり」であったからである。それ故、「国家の軍事力は叛乱したり、蛮的にならないときでさえ、〔国家の〕従僕ではまったくなく、それ自身の意思によって動かされるときがままあった。平和は合理的な過程で得られることもあったが、疲弊と無政府状態によって得られることもあった」。それが、十七世紀における国家機構の整備の結果、とくに改善された財政の結果、「戦争に対する政府の統制が大層強化された」のであった。[21] それがやがて別の問題を人間に与えるものであったにせよ、当面の効果は内政に介入しないことを可能にさせたことであり、それが国家間の権力闘争の分野を制限することになったのである。しかも、始めに述べた価値観の共通性から、十八世紀のヨーロッパにおいては「原則の争い」はなくなった。それ故、国家間の闘争は内政から切り離され、原則をめぐる「生か死か」の闘争が存在しなかったことによって、限られた目標を求めるものとなった。

こうして、十八世紀ヨーロッパの国家間の権力闘争は、力の配分から限定された目標を追求するものとならざるをえなかったと同時に、当時のヨーロッパには限定された目標しかなかったのである。しかも、各国が権力闘争のために用いうる手段も限定されていた。資金を集めるという点からも、人間を動員するという見地からも、政府の力は限られていた。そうした事情から、できるだけ兵士を殺さずに戦争することが望ましいとする十八世紀の戦争観が生れたのである。フェレロが書いたように、十八世紀の戦争とは、「規則と賭額を持ったゲームであった。敗者は代償を支払ったが、そのとき勝負の賭額とそれを手に入れるための危険とのあいだには、つねに正当な比率が保たれていた。そして、戦争をする当事者たちは、彼らの冷静さを失わせるような頑固さに対してつねに警戒していた。彼らはゲームをしまつに終えないものにまでしないようにと気を配り、いつ戦争をやめるかということを知っていた[72]」。

こうした状況を考えるとき、十八世紀の人々が、国家間の闘争は国家に対して破滅的な打撃を与えるものではない、と判断したことが妥当性を持っていたことが理解されるであろう。たとえばヴァッテルは各国の独立性について次のように書いた。

> すべての政治社会にとって、その構成員がその権利のいくらかを全体機関に移譲すること、命令し、法律を与え、それに服従しないものを強制する権威が存在することは不可欠である。しかし、かかる考えは国家の間では生れない。各独立国家は独立を主張しているし、また事実独立している。……国家の間と個人の間とでは、政治社会の必要が同一ではないことは明白で

ある。[73]

またプッフェンドルフは、国家間の状態は自然状態ではあるが戦争状態ではないと書いたし、[74]モンテスキューはそれを永遠の戦争ではなく、不安な平和と捉えた。[75]こうして、きわめて多くの人々が国家間の闘争の限定性を認めていたが、それは当時の状況によって裏づけられていたのであった。そして、その限りにおいて勢力均衡原則は、各国の独立と国際的な無秩序状態の回避という二重の目的を、かなりの程度実現するものとして存在理由を持っていたのである。

そうした状況は、歴史の推移と共に変化することになった。技術の進歩は軍備の破壊力を著しく増大させ、その結果、戦争は国家そのものを壊滅させる可能性を持つことになった。第一次世界大戦において敗北した国――ロシア、オーストリア、ドイツ、トルコ――はすべて国家体制の大きな変動を見たのである。また国際政治の世界化は、まったく異なった価値観を持ち、著しく異なった発展段階にある国々をひとつの国際体系に属させることになった。その結果、価値観の共通性という紐帯はなくなった。それどころか、既存の社会体制に真っ向から挑戦する原理にもとづく共産主義国家の出現は、国際政治を再び「原則の争い」とし、それ故無制限なものとした。さらに、大衆国家の出現は国家の対外行動を利益の合理的な計算によって律することを、著しく困難なものとした。人々は国家の対外行動に対して感情的に同一化したり、反撥するのであり、その結果、国家の対外行動は「激情」によって動かされるようになった。しかも、質を重んじ、自制と均衡を重んずる文化はさまざまな理由からほとんど消え去っていた。

こうした変化は勢力均衡からその存在理由を奪った。勢力均衡を基本原則として国際社会に安定を与えることはできなくなったのである。もちろん、多元的な構造を持つ国際社会においては、勢力均衡はどうしても無視しえない原則である。それが不十分な原則であっても、それを無視することはできない。だから、反勢力均衡派の人でも、対外行動を実際に指導するようになれば、「均衡を保持したり、作ったりするようなしかたで行動する」。しかし、人々はそこに安住するわけにはいかない。勢力均衡に関する楽観主義は消滅せざるをえなかった。楽観主義を伴った勢力均衡体系は第一次世界大戦と共に消滅したのである。それは、ヴォルテールの言葉を借りるならば、「世界に他に例がない」ものであった。

しかもなお、勢力均衡のために二つのことを指摘する必要があるように思われる。まず、われわれは戦争防止の必要から現実化して来た世界政府の理念を、疑問の余地ない理想と単純に考える前に、多様性を重要視した思想と対面して、多様性の問題を十分に考えてみなくてはならないであろう。すべての政治秩序は多様性と安定の、いずれをも無視することなく、この相矛盾する二つの要請を調和させなくてはならないからである。それと共にわれわれは、勢力均衡の没道徳性を以て非道徳的とし、性急に非難する前に、それが政治において果した道徳的効果のことをよく考えるべきであろう。あるいは、勢力均衡の基礎にあった楽観主義を指摘し、その条件が消滅したことを指摘すると同時に、その楽観主義の構造からなにものかを学ぶべきであろう。すでに述べたように、勢力均衡原則が作用しえたのは十八世紀ヨーロッパの条件——共通の紐帯、文化的雰囲気、力の好ましい配分——のおかげであった。しかし、その第二のもの、すなわち、「諸国家の諸利害説」に基づく外交は、そうした条件形成にある程度の役割を果したのであった。すなわち、それは外交の領域を制限し、「慎慮」を説くことによって政治から熱狂を排除するのに貢献したのであった。勢力均衡原則をおこない、弁護したものは、悲劇が特定の利益から生ずるのではなくて、過度の自己正当化と道徳的唯我論から生ずることを知っていた点で道徳的であった。

(1) *Speeches of John Bright*, ed., by Rogers, p. 233, pp. 460–1.
(2) "Extrait du Projet Paix Perpétuelle de M. L'Abbe de Saint-Pierre", C. E. Vaughan, *The Political Writings of Jean Jacques Rousseau*, p. 369.
(3) Felix Gilbert, *To the Farewell Address* (Princeton U. P., 1961), p. 60, p. 62.
(4) *Ibid.*, p. 370.
(5) Emmanuel de Vattel, *de droit des gens*, Lib. I, chap. 3.
(6) ギボン、村山勇三訳『ローマ帝国衰亡史』(岩波文庫、昭和二十九年) 第五巻、四〇四ページ。

（7）モーゲンソー、伊藤皓文、浦野起央共訳『国際政治学（諸国民の間の政治）』（アサヒ社、昭和三十八年）第二巻、二二五ページ。

（8）Kenneth N. Waltz, *Man, the State and war* (Columbia U. P., 1943), p. 208.

（9）David Hume, "Of Balance of Power", *Essays and Treatises on Several Subjects* (London, 1790), Vol. II, pp. 111-24. 以下いくつかの引用はこの論文からである。

（10）モンテスキュー、大岩誠訳『ローマ人盛衰原因論』（岩波文庫、昭和十六年）、とくに第九章。

（11）ギゾー、松本芳夫訳『ヨーロッパ文明史』（国民図書、大正十二年）四三ページ。

（12）同上書、五三ページ。

（13）同上書、五四ページ。

（14）David Hume, "Of the Rise and Progress of the Arts and Sciences", *Essays and Treatises on Several Subjects* (London, 1790), Vol. I, pp. 187-230.

（15）マキャヴェリ、多賀善彦訳『ローマ史論』（創元社、昭和十五年）第一巻第六章。

（16）David Hume, "Of the Rise and Progress of the Arts and Sciences".

（17）ギゾー、前掲書、三〇ページ。

（18）同上書、三四ページ。

（19）モンテスキュー、宮沢俊義訳『法の精神』（岩波文庫、昭和六年）第十一篇第二章。

（20）同上書。

（21）同上書、第十一篇第三章。

（22）同上書、第十一篇第四章。

（23）同上書、第十二篇。

（24）同上書、第二十一篇第十八章。

(25) 気候と政治制度の関係については同上書、第十七篇を、土地の性質と政治制度の関係については第十八篇を見よ。モンテスキューは山、河、海などによって区切られていない大平原の存在故にアジアに大帝国が現われたと考えていたし、山岳地帯に住む民族が制限的な政体を維持するのに適していると考えていた。
(26) 同上書、第十七篇第六章。
(27) 同上書、第十七篇第三章。
(28) 同上書、第九篇第七章。
(29) カント『永遠平和のために』および『一般歴史考』。
(30) E. Vattel, *op. cit.*, "Preface" および "Preliminaries".
(31) David Hume, "Of Political Society", *Essays and Treatises on Several Subjects* (London, 1790), Vol. II, pp. 67–92.
(32) スタンリー・ホフマンはホッブスのこうした国際社会観をルソーのそれと対比させている。Stanley Hoffmann, "Rousseau on War and Peace", *The State of War* (New York, 1965).
(33) E. Vattel, *op. cit.*, "Preface".
(34) *Ibid.*, "Preface".
(35) マイネッケ、菊盛英夫・生松敬三訳『近代史における国家理性の理念』(みすず書房、昭和三十五年) 二〇二ページ。
(36) F. Gilbert, *op. cit.*, pp. 89–104. なお外交の歴史的発達については、H. Nicolson, *Evolution of Diplomatic Method* (London, 1954) を参照されたい。
(37) マイネッケ、前掲書、二二六ページ。
(38) F. Gilbert, *op. cit.*, p. 95.
(39) マイネッケ、前掲書、二〇二〜二〇五ページ。
(40) Bolingbroke, "The Idea of a Patriot King", *The Works of Lord Bolingbroke* (London, 1841), Vol. II, pp. 372–429.

なお、『愛国王の理念』そのものは一七三八年に書かれた小冊子である。
(41) *Ibid.*, p. 420.
(42) *Ibid.*, p. 416.
(43) マイネッケ、前掲書、二二一～二六六ページ。
(44) 同上書、二二八ページ。
(45) Bolingbroke, *op. cit.*, p. 414.
(46) F. Gilbert, *op. cit.*, p. 97.
(47) *Ibid.*, p. 97.
(48) Bolingbroke, *op. cit.*, p. 415.
(49) Bolingbroke, *op. cit.*, pp. 417-8.
(50) H・ニコルソン、斎藤・深谷訳『外交』(東大出版会、昭和四十年)四四～四七ページ。
(51) マイネッケ、前掲書、二六一ページ。
(52) H. Nicolson, *Evolution of Diplomatic Method* (London, 1954), p. 52.
(53) *Ibid.*, pp. 62-3.
(54) F. Gilbert, *op. cit.*, p. 95.
(55) Hobbes, *Leviathan*, Part I, chap. 13.
(56) アメリカの秀れた精神病学者ロバート・ウェルダーは、その小論のなかでこのことを強調している。Robert Waelder, "Conflict and Violence", *Bulletin of the Menninger Clinic*, Vol. 30, No. 5, Sep. 1966.
(57) Herbert Simon, *Organizations* (New York, 1958), pp. 139-41.
(58) Anatol Rapoport, Albert M. Chammah, *The Prisoner's Dilemma* (Univ. of Michigan Press, 1965).
(59) Sir George Clark, *War and Society in the Seventeenth Century* (Cambridge U. P., 1958), p. 101.

（60）*Ibid*., pp. 97-8.
（61）ヨーロッパ各国をつなぐこうした紐帯の基礎には、中世の宗教的・文化的統一が存在したが、そのことは多くの人の指摘するところである。たとえば、Karl W. Deutsch & William Holtz, ed., *Nation Building* (New York, 1963), pp. 1-33.
（62）ヴォルテール、丸山熊雄訳『ルイ十四世の世紀㈠』（岩波文庫、昭和三十三年）、一七五一年に出版された。F. H. Hinsley, *Power and Pursuit of Peace* (Cambridge U. P., 1963), pp. 162-3. に引用。
（63）J. U. Nef, *War and Human Progress* (Harvard U. P., 1952), p. 159.　戦争に対する文化の制約についてはネフの書物によるところが大きい。
（64）*Ibid*., p. 159.
（65）*Ibid*., pp. 251-4.
（66）*Ibid*., p. 258.
（67）『法の精神』第九篇第一章。
（68）マイネッケ、前掲書、二二六ページ。
（69）同上書、四四〇ページ。
（70）Walter Schiffer, *The Legal Community of Mankind* (Columbia U. P., 1954), p. 34, p. 56 ; John H. Herz, *International Politics in the Atomic Age* (Columbia U. P., 1959), p. 51.
（71）Sir G. Clark, *op. cit.*, pp. 73-4, p. 86.
（72）G. Ferrero, *Peace and War* (London, 1933), p. 7.
（73）E. Vattel, *op. cit.*, "Preface".
（74）W. Schiffer, *op. cit.*, pp. 49-63.
（75）『法の精神』第一篇第三章。

II

第二章　ウィーン会議と「ヨーロッパ」

一　ウィーン会議の前史

1　対ナポレオン同盟を支配した二つの要因

ウィーンの平和を検討するにあたって、われわれは、それが一つの時代の始まりであると共に、他の時代の終りであったことに注意しなければならない。ウィーン会議は十九世紀のヨーロッパ国家体系を確立し、十九世紀の始まりを劃するものとなったが、同時にそれは、フランス革命に始まる二十数年間の動乱の終りを告げるものであった。したがってその平和処理は、まったく制約のない状態の下に、理想的な均衡を作製したものではなくて、それ以前の歴史によって大きく制約されたものであった。たとえば十九世紀ヨーロッパ史について、常に支配的であったフランス革命の衝撃とそれへの解答という関係は、この場合も大きく作用することになった。だから、ウィーン会議の平和処理を叙述するに先立って、まず対ナポレオン同盟の政策を検討し、彼らを強く支配していた要因を探し求めることにしよう。

勢力均衡対策

対ナポレオン同盟の政策を支配していた第一の要因は勢力均衡原則であったが、それは、ナポレオン戦争の激しい嵐が、ヨーロッパ各国の生存そのものをも危うくするようなものであったという事実からも当然である。フランス革命は十八世紀ヨーロッパ国家体系のコンセンサス（consensus）を破壊してしまったから、その後に訪れた動乱は、まったく赤裸々な権力闘争の形をとることになった。したがって、この場合各国がその安全保障を得るために可能な方策はただ一つしかあり得なかった。『ヨーロッパとフランス革命』の著者、A・ソレルの表現を借りるならば、原則については妥協が不可能であったが故に、「動かすことのできる国境（les frontières qui sont mobiles）[1]」について妥協すること、すなわち勢力均衡政策による保障のみが可能となったのである。

一八〇九年にオーストリアの外相となったメッテルニッヒが、きわめて徹底した形で勢力均衡政策をおこなったのも、オーストリアがワグラムの敗戦によって置かれることになった危険な地位からの要請に基づくものであったと考えられる。このオーストリアの弱体性は、フランスとロシアという二つの強国の間に位置していることとの故に、とくに際立ったものとされた。彼はナポレオンがロシアに侵入しつつあるとき、プロシアの宰相ハルデンベルグに宛てて書簡を送ったが、それは彼がこの時すでに勢力均衡原則に基づく平和を考慮していたことを示している。[2] したがって、ロシアがナポレオンを撃退し、「諸国民の自由と独立の回復」という旗印を揚げたときにも、[3] 彼の政策の基本線は変らなかった。彼にとってフランスの脅威は確かに大きなものであったが、ロシアの脅威も、それに劣るものではなかった。彼の目的はナポレオンを打倒することにあるのではなく、フランスとロシアの間にバランスを打ち建てることにあった。一八〇九年から一二年にかけて、彼の外交の目的の一つが、ロシアのバルカン進出を喰い止めることにあったのを見ても、このことは明らかである。[4] しかも、急いで反ナポレオン同盟に加わることは、自国が戦場になることを意味すると共に、オーストリアの弱体性をますます明らかにすることであった。現在の弱体な形のままで戦争に加わることは、フランスが勝つにせよ、ロシアが勝つにせよ、オーストリアをそのいいなりにさせることになるだろうからである。そこでメッテルニッヒは、ロシアがナポレオンを追って国境を越えたそのときから平和を説き、自らを仲介者という地位に置こうとした。彼は参戦することを求めるロシアとプロシアに対して、その代価として戦後処理に関する保証を得ようと努めながら、その軍隊を次第に強化して行った。* この彼の術策は、ヨーロッパの諸国がナポレオンに対抗するためには団結が必要であることをようやく理解し始めると共に、⑤他方、ナポレオンもロシアでの敗北によってオーストリアの援助を必要とし始めたことによって、オーストリアの必要度が高まってきていたが故に、成功することになった。かくて彼は、五月一日、武装仲介を提案し、プラーハ会議へと導くことができたのである。

* メッテルニッヒは一八一三年三月、同盟軍本部にレプツェルテルン（Lebzeltern）を送って、オーストリアの仲介を受諾するように交渉させたが、その第一の目的は、その過程においてツァーをしてその戦争目的を限定せしめ、オーストリアの権利について言質をとることにあった。**H. A. Kissinger, *A World Restored*（Boston, 1957), pp. 52–6.** 他方ナポレオンも、オーストリアの提案に対し、それをオーストリアの軍事的弱体の故と考え、（彼が軍隊を必要としていたことも加わって）オーストリア軍の増強を要請した。ここにもオーストリアに対するナポレオンの誤算が現われているが、ともかく、オーストリアはナポレオンの承認のみならず、要請をもえてその軍隊を強化して行ったのである。***Ibid.*, p. 44.**

こうして平和交渉が始められることになったが、それは解放戦争の大きな特徴となるものであった。カリッシュ条約が結ばれた一八一三年二月二十八日から同盟軍がパリーに入城した一八一四年三月三十一日に至る約一年間に、同盟軍とナポレオンとの間の平和交渉に費やされた日数がその半分近くにも達することは、注目に値する。* 外交が解放戦争において占めた大きな比重は、この事実がもっとも雄弁に語っているのである。メッテルニッヒは、カリッシュ条約をはさむ時期においてきわめて巧みな外交をもって平和交渉へと導いたが、彼をそうさせたものは、勢力均衡原則であった。その同じ勢力均衡原則が、他のすべての国々の政策においても支配的であったのである。ナポレオンの完全な打倒を目的とするのは非現実的なことと思われたから、彼らは打ち建てられるべきバランスについて、慎重な考慮を払いながら、戦いを進めて行った。彼らの戦いは「均衡回復」のための戦いであり、[6]そのことの故に交渉がくり返されたのであった。しかも、こうした過程は、同盟国相互のバランスの調整をも必要とする。解放戦争中の外交を詳しく検討するならば、それは同盟国とナポレオンの間のものであると共に、同盟国間のそれでもあったことが知られるであろう。[7]同盟国の間には、利害の対立があったのである。もちろん彼らは、ナポレオンと抗争するためには団結が必要であることを知っていたから、ナポレオン戦争の初期における彼らの共同戦線のようにたやすく分裂はしなかったけれども、その利害の対立について最小限の妥協を得るためには、相当の日時が必要となったのである。したがって彼らは、たとえメッテルニッヒのように、こうした利害の対立が満足に解決されないならば、むしろナポレオンとの平和を選ぶというところまでは行かなくても、それまでに、こうした利害の対立について少なくともある程度の満足を得るための努力をつづける点では、メッテルニッヒと態度を同じくしていたのである。平和交渉は、彼らにその機会を与え、そのことによって平和交渉は長引くことになった。ポーランドをめぐるロシアとオーストリアの対立は、そうした利害の対立のなかで、もっとも大きなものであったと考えられる。それは結局、解放戦争中の外交によっては解決されずに、ウィーン会議にまで持ちこされた。かくて、ウィーン会議の第一の課題は、こうした未解決の問題を解決して、新しい均衡を完成することであったと言えよう。勢力均衡原則が持っていた重要性はもはや明瞭である。

＊カリッシュ条約から、シャティオン会議終了までの簡単な年表がそれを明らかにしてくれる。

㈠ 一八一三年二月二十八日（カリッシュ条約）から、同六月四日のポイシュヴィッツの休戦まで。オーストリアは同盟（ロシアとプロシア）とフランスの両者に対して、仲介を提案していた。この間イギリスの外交は、大同盟結成の努力を地道に行なっていた。

㈡ 六月二十七日（ライヘンバッハ条約）まで。プラーハ会議へ提出する交渉の原案を作成するため、オーストリアと同盟国の間に交渉が行われていた。イギリスは、自己を除外した平和に危惧を感じつつ、同盟結成のための外交を行っていた。

㈢ 七月五日から八月一日まで、プラーハ会議。その間イギリスは七月十三日に仲裁を受諾した。同盟国は平和条件の交渉にあたって、まず前提条件を提出し（その内容は*B. D.*, p. 6）、それをナポレオンが受諾した場合に、平和の全般的条件を論議するという方法を採った。これに対してナポレオンは満足すべき回答を与えず、会議は決裂した。

㈣ 八月十一日、オーストリア、フランスに宣戦布告。
八月十八日、バッサノ公（仏）、交渉再開を提案。
九月七日、テプリッツ条約（露・墺・普）。
九月二十三日、ナポレオン、オーストリア皇帝フランツに書簡を送る。
十月十六日～十八日、ライプチッヒの戦。
十月十七日、ナポレオン、メルヴェールトを平和交渉に派遣。

㈤ 十一月九日まで。同盟国相互間において、ナポレオンの提案に応ずべきか否かについて討議。それに引きつづいて同盟国の提案の準備。十一月九日、同盟国、サン・ティニヤンを使者として、フランクフルト提案

——「自然国境」——を行う。

㈥　十二月一日まで。同盟国とフランスの間の交渉、ナポレオンは曖昧な回答をくり返した。

十二月一日、同盟国フランクフルト宣言とともに、ライン河を越えて進軍。

十二月二日、コーレンクール、フランクフルト提案を受諾。しかし、メッテルニッヒはイギリスの意見を聞くために、交渉の開始を延期——軍事行動は継続。

㈦　一月十八日までカースルリーを待って、一種のブランク状態——軍事行動は継続。

㈧　一月十八日から二月四日まで。同盟国間で平和交渉の前提条件を作るための討議。交渉の前提条件を「旧国境」に変更。

㈨　二月四日〜三月十九日、シャティオン会議。

** ここでは平和交渉について、それを同盟国の側からだけ検討したが、しかしナポレオンの方にも、平和交渉を行う理由があった（それは彼が、しばしば平和交渉を提案していることから明らかである——注*参照）。その理由は、㈠平和交渉によって時間をかせぎ、㈡平和交渉を巧みに行って、同盟国が戦いを求めていることを国民に示し、それとともに、㈢同盟国の利害の対立を激化させて同盟を分裂させること、を目的としていた。このうち彼にとって、㈢の目的がもっとも重要であったと思われるが、それは彼が同盟軍に対して勝利を占めたあと、その有利な機会に、つねに同盟国中のある一国に対して単独に平和交渉を行っていることからも明らかである。たとえば、一八一三年五月十六日のバウゼンの勝利の後には、同十八日、ツァーに対して平和交渉を行っているし、最後の機会と思われたシャティオン会議の間、彼が一八一四年二月中旬の一連の勝利によってえた最上の機会において、二月二十一日、彼はオーストリア皇帝に書簡を送って平和交渉を行っている。これに対して同盟軍はナポレオン戦争の経験から（Butterfield, *Napoleon* 〈London, 1939〉, p. 78）、ともかく団結だけは守りとおしたのであった。

ジャコビニズムの恐怖

しかし、解放戦争中の外交を長引かせた理由は、それだけではなかった。少なくとも、平和交渉が同盟軍のパリー入城の十二日前までつづけられたことは、それによっては説明することができないのである。そこには、ジャコビニズムの恐怖があった。

解放戦争中の平和交渉は、その背後に宣伝的意図を秘めていた。ナポレオンも同盟国も共に、戦いを求めているのは相手方であることを示す機会として平和交渉を利用しようとしたのであった。一八一三年十一月、ライプチッヒの戦いに敗れ、無抵抗でさらされているように見えたフランスを前にして、同盟国はライン左岸に立ち止って平和交渉を行い、ナポレオンがそれに応じないのを待って、フランクフルト宣言を発すると共にフランスへと進撃したが、この過程は、解放戦争において平和交渉が持っていた宣伝的意味を明らかにしている。* フランス国民をしてその支持をナポレオンに与えしめるか、与えしめないか、それが重要であった。こうした目的を秘めつつ平和交渉を行っている以上、それを適当な機会以外に打ち切ることは不利益を招くことであった。平和交渉のこの面は、同盟国がフランス国境に近づくに従ってその比重を増してきた。なぜなら、この場合、ナポレオンに対する人民の支持とは、人民の蜂起という恐るべき力を意味したからである。ナポレオンを打倒し、ブルボン家を復興することが望ましいことは、同盟国の政治家達にとって明らかであった。しかし、それを直接の手段で行うことはフランス国民の蜂起を惹起する恐れがあった。連合国の政治家たちの記憶に、一七九二年の想い出が生々しくよみがえって来たのである。** シャティオン会議を突如として打ち切り、パリーへと進軍することは、戦争を欲しているのはナポレオンであるということを示そうとしてきたこれまでの努力に逆行するものであった。したがって、それは民衆の支持をナポレオンに与える可能性を持つものであった。そのこと以上に恐しいものが、同盟国の政治家たちに考えられたであろうか。かくて、パリーに進軍することは、「それが導くかもしれない大きな危機において、とられるべき行動の線について、同盟国が決心するまでは、……強く反対されたのである」⑧。それは大きな危険をはらむものと考えられた。かくて、彼らは、根気よくナポレオンとの交渉をつづけなければならなかったのであるが、以上の描写から、ジャコビニズムの恐怖が、同盟国の行動を支配する要因として、いかに大きなものであったかは明らかであろう。

* 同盟国は、その平和条件の一部を交渉の前提条件として提出した。彼らはそれによって寛大な条件をナポレオンに提示することができたが、それには次の利点があった。ナポレオンがもしそれを拒否すれば、彼は戦争を欲していることを示すことになるし、彼が受諾した場合には、それは交渉の前提条件なのであるから、ナポレオンに対して、さらに大きな譲歩を要求することができるのであった。そしてフランス国民は、すでに一八〇九年頃から戦争に疲れて、平和を欲していたから（それはナポレオンが一八一三年末、平和派のコーレンクールを外相としなければならなかったことからも明らかである）、こうして同盟国が、フランクフルトにおいて平和提案を行い、ナポレオンが好戦的であることを示してからフランスに進撃したことは、ナポレオンをして民衆の支援を得しめる危険を減ずることが期待された。

** 同盟軍が、ナポレオンに余裕を与えること（それは彼に兵を与えることであった）を知りつつも、急いでフランス領土内に攻め入らなかったことの理由として、ほとんどの研究者が、一七九二年のジャコバンの蜂起の想い出と国民的抵抗への恐れをあげている。G. Lefèbvre, ***Napoleon*** (Paris, 1935), p. 538 ; Markham, ***Napoleon and the Awakening of Europe*** (London, 1954), p. 138. また、当時の外交官の書簡からも、このことはただちに証明することができる。第二に、戦後の勢力均衡をめぐる同盟国相互の不信がこのことの原因となっている。

しかも、この場合、ジャコビニズムの恐怖が二つの内容を持っていたことにも注意しておかなくてはならない。ジャコビニズムは、一つにはその軍事的エネルギーの故に恐れられたのである。解放戦争の歴史の検討は、ジャコビニズムへの恐怖のこの面を示している。しかし、第二に、それと不可分の関係において、国内におけるジャコビニズムの活動が、国内体制を破壊する力として恐れられた。一八一二年末のプロシア国民の決起をメッテルニッヒがジャコビニズムの危険をはらむものとしてきわめて警戒し、それに対して制約を加えることを解放戦争における外交の一つの目的としたのもその一つの例である。[9] また、イギリスにおいて十八世紀の後半に始められようとしていた改革が、反ジャコビニズムの波によって拭い去られたことも、こうした関連において注目される。[10] このようにジャコビニズムの恐怖は、当時の人々を支配するきわめて強力な要因であった。

2　ショーモン条約と第三の要因

第1項において述べたように、同盟国は解放戦争の目的を「均衡の回復」、と規定していた。平和交渉はその直接の機会を与えた。また彼らは、同盟国の軍事的優勢がなければナポレオンに平和を強いることができないのを知っていたから、戦争を有利に戦うことも必要と考えていた。平和交渉はそのためにも必要欠くべからざるものであった。したがって彼らの平和交渉に対する態度は次のように要約されるであろう。

(一)「均衡の回復」にとって必要と同盟国が考える条件に、ナポレオンが同意するならば、平和を結ぶ。

(二)ナポレオンが同意を与えなければ、平和を欲しないナポレオンに対して進軍をつづけ、勢力均衡にとって必要な領土を獲得する。

彼らの行動はナポレオンと平和を結ぶという前提に立っていたと言うことができる。しかしまた、彼らがナポレオンの退位を秘かな希望としていたことも疑いない。ただ、それを同盟国の目的とすることは、非現実的なことであり、国民の支持をナポレオンに与えるおそれがあったから、彼らはそうしなかったに過ぎないのである。したがって、彼らがナポレオンと平和交渉を行い、国民の支持を与えないようにしながら戦いを続けるようにしたのは、ただそれが戦略的に必要であったからではなくて、そうすることによって、平和を欲しないナポレオンに対してフランス国民の間にも反対運動が起きることを秘かに希望していたからでもあった。彼らは、ナポレオンとの平和交渉を、ナポレオンと平和を結ぶ手段とすると共に、彼を退位させる手段ともしていたのである。このことは、ナポレオンを退位させることが現実性に乏しかったときは問題にならなかった。彼らは、ナポレオンが平和交渉において満足すべき回答を与えなければ進軍をつづければよかった。しかしこの政策は、同盟国がパリーに近づくに従って、その矛盾を明らかにし始めたのである。今や進軍するとは、パリーへの進軍以外のものではあり得なかった。そしてパリーに進軍することはフランスの主権者の問題を扱うことであった。平和交渉の結果の二つの可能性に対する彼らの選択は、平和か戦争の継続かではなくなり、ナポレオンとの平和か、ナポレオンの打倒かということになってしまった。彼らはナポレオンと平和を結ぶために平和交渉を行っていたのか、それとも彼を打倒する機会を得るために行っていたのか。彼らにとって、決断の時が訪れていたのである。しかし、ジャコビニズムの恐怖は、あくまでも強力に支配していた。彼らは決断をおくらせ、ナポレオンが平和交渉に対して誠意のないことがまったく明らかになり、そしてフランス国民の側にブルボン支持の動きが広められるまで、ナポレオンとの平和交渉をつづけたのである。

一八一四年三月一日、ショーモンにおいて結ばれた同盟条約も、こうした事情の故に同盟の目的を一義的に定義しているものではない。[11] それは、二十年という長い期間に亙る条約であり（第十六条）、しかも戦いが継続する間だけでなく、将来の攻撃に対して少なくとも六万人の援助を各国が行うことを約束している（第七条）。そして、秘密条項の三において、平和締結後さらに一年に亙って軍隊を警戒態勢（sur pied）におくことをも約束している。しかし、こうした完全な保障態勢はブルボン王朝が復帰したときのそれではなかった。こうした条項が作られたのは、ナポレオンと平和を結んだ場合の保障のためであった。彼らはナポレオンと平和交渉をつづけてはいたが、ナポレオンとの平和が休戦以上のものでなく、それを守るためには力による注意が必要なことを熟知していたからである。* 同盟国の行動はここに至ってもナポレオンとの平和を前提としていたのであった。

* カースルリーはこの立場を明らかにしている。彼はもしナポレオンが条件を受諾すれば、平和を結ぶことを選ぶとともに、その平和をより確実なものにするため同盟を平和締結の後も維持することが必要と考えた。彼は一八一三年十二月二十六日の覚書のなかで、「同盟条約は戦争とともに終了するのではなく、フランスによって攻撃された国を援助するという義務を含むものとする」と述べているが（*Foundations of British Foreign Policy*, ed. by H. Temperley and L. Penson〈Cambridge, 1938〉〈以下、*F. B. F. P* と略〉p. 34）、それはこうした考えに基づいているものなのである。彼がシャティオンの会議を迎えるにあたって、王位に関する四つの可能性のなかで、まず第一に、「可能なかぎりでの最善の平和をボナパルトに強い、それがなされたときは防衛同盟によって維持する」と述べていることから、それは明らかであろう（*B. D.*, p. 138f., Castlereagh to Liverpool, Langres, Jan. 29, 1814）。

したがって、この時期の同盟について次のように結論することが許されるであろう。それはナポレオンに対抗する同盟であり、その原理はことの性質からして、勢力均衡原理以外のものではありえなかった。スペインの旧状復帰、スイスの保障、オランダの独立と強化、ドイツとイタリアの独立と連邦制度の施行など、ヨーロッパの勢力均衡の概要はそこに規定されていたが[12]、ボナパルトは打倒すべきなのか、それとも平和を結ぶべきか、という問題に対しては明確な解答が与えられていなかったのである。ジャコビニズムの恐怖が強力に支配している以上、それは避け難いことであった。しかしまた、この時期の同盟を、ただそれだけのものとしてしまうことは、単純化のすぎたるものであろう。

同盟国の間に、ただ単にナポレオンに対抗している勢力としてのまとまり以上のものがあったことが注意されなくてはならない。きわめて漠然とした形においてではあったが、そこには簒奪者をフランスの旧国境のなかに押し戻し、今やヨーロッパに二十数年ぶりの平和を与えようとしている力としての意識があった。それは簒奪者に対する「ヨーロッパ」という意識であった。メッテルニッヒは、ナポレオンとの有名な会見について、「この決定的な瞬間に、私は自分がヨーロッパ全社会の代表であると思った」と述べている[13]。また、シャティオン会議に送られた、オーストリア、大英帝国、プロシア、ロシア四国の代表たちは、会議を始めるにあたって述べた。

われわれは、われわれがそこからそれぞれの全権を与えられた四国の各国からこの会議に送られたものとしてだけではなく、完全な一体をのみ構成するヨーロッパの名において、フランスと平和を結ぶ権限を持つものとして、この会議に出席しているのである[14]。

そして、こうした言葉はシャティオン会議について数多く見ることができる。[15]ショーモン条約についても、その第五条はそのような考えを表わしていると考えることができよう。[16]

締約国は、フランスとの平和が結ばれたときにおいて、この平和の維持をヨーロッパに対し、また締約国相互の間に、保障するため、もっとも適当な手段をとるために協調する。

ウェブスターも、この条項を、四国がすなわち「ヨーロッパ」であるという思想を表わすものとして重要視しているが、[17]この「ヨーロッパ」という概念は、きわめて強力な紐帯となることができるものであった。なぜなら、それは、ただ単に当時の国際社会であったヨーロッパを地理的に指しているのではない。当時の外交官が「ヨーロッパ」と語るとき、それは今日においては理解し得ないような内容を持っていた。その意味するところを理解するに際して、次のゲンツの言葉が手がかりを与えてくれるであろう。

ヨーロッパ大陸の各国は、地理的位置、慣習、法律、生活上の必要、生活様式、文明の類似性から、「ヨーロッパ連邦」と名付けても不当ではないような大きな政治連盟を形成している。この「国家的連合」の各組成国は、相互に緊密な不断の交渉をしているので、どの国も他の一国に起こった重要な変化に無関心ではおれない。……これらの国々が生きてゆかねばならないのなら、相互に協力して生存せねばならない。[18]

こうした言葉は十八世紀においては、くり返しくり返し語られているのであり、したがって「ヨーロッパ」という言葉は、こうした「連邦」とでも呼ぶべき政治体制を表わしていると考えてもよいのである。それは、単なる力の釣合以上のものであり、道徳的・文化的紐帯を含む概念であった。彼らは、したがって、道徳的・文化的紐帯をも含む概念、「ヨーロッパ」を一つの共通の地盤として持っていたということができるのである。しかしそれは、あくまで背景を構成するに過ぎない。そうした要因を無視することはできないけれども、そうした要因だけで国際的団結が行われるということは、未だかつて歴史にその例をみないところなのである。たしかに、十八世紀の後半のヨーロッパは、ヨーロッパ連邦と呼んでもよいような統一を示していた。しかし、そこには国際的団結は存在しなかった。「ヨーロッパ」という概念は、たしかに反ナポレオン同盟の政治家たちの行動を規制する一つの要因であるけれども、その重要性を誇張することは避けなくてはならないのである。

かくて、ナポレオン戦争の末期において、勢力均衡原則、ジャコビニズムの恐怖、「ヨーロッパ」という概念、以上三つの要因が彼らの行動に作用していたと結論することができるであろう。そして、このなかで勢力均衡原則だけが前景にあったことはすでに述べた。こうした三つの要因は、同盟国の政治家たちの平和建設にどのような影響を与えたであろうか。そしてどのような結論を出したであろうか。そうした見地に立って、パリーとウィーンにおいて行われた平和処理を検討してみなくてはならない。

3　ナポレオン退位と第一次パリー平和条約

一八一四年の三月の半ばに、同盟国はようやくナポレオンを打倒することを決意したように思われる。三月九日、ブリュッヘルはラオンにおいてフランス軍を破り、それによってパリーへの道は大きく開かれた。シャティオン会議におけるナポレオンの行動は、あいまいな提案をくり返し、軍事的情勢が好転するとそれを変更するという有様であったから[19]、彼が、「名誉ある、確固たる平和にとっての真実、かつ唯一の障害であることは、フランス国民の目からみても疑いのないところであった」[20]（傍点筆者）。また、ナポレオンを打倒するために同盟国と協同しようという動きも、わずかではあっても、初めてフランスの内部から伝えられた。* 最も重要なこと、すなわちフランス国民の目にも、ナポレオン打倒が正当と認められるという条件がようやく整い始めたのである。

* *B. D.*, p. 168f.　同日付の別の書簡。ナポレオンを打倒し、ブルボン復興に向うことの妥当性については、多くの意見があった（たとえばウェリントンとメッテルニッヒ）が、ともかく三月の半ばには、同盟国は決意した

ようである。とくに、三月十二日にボルドーがブルボン支持を明らかにしたことは、同盟国にとって大きな力づけとなった。その報は、かなり遅れて三月二十六日、同盟軍本部にもたらされたが、その翌々日、ディジョンにおいて、同盟国はブルボン支持を確認したもののように思われる。*B. D.*, p. 173, Dijon, March 30, 1814 ; C. K. Webster, *op. cit.*, I, p. 234.

かくて、三月十八日、同盟軍はパリーに進軍を開始し、同二十五日、シャティオン会議の決裂を発表すると共に、彼らが現在までとってきた行動の原則——均衡の回復——に忠実であることを確認した。そしてその最後に、控え目に次のように付け加えた。

こうしたところからみて、このように破壊的な組織が、国民の総意において終末をみることがなければ、将来の保障はどこに存在するであろうか？　それによって初めてヨーロッパの平和は確保されるのであり、そうすれば何物もそれを将来において混乱させるようなことはないであろう。[21]

ナポレオンを打倒することは、こうして戦争が終了するわずか一週間前に明らかにされたのであった。もちろんこの場合も、ブルボン家を推すことは、表面には出されなかった。フランス国民に与える影響と、それが同盟国の間にもたらすかも知れない分裂のおそれを考えて、彼らは後継者をフランス国民に選ばせるという線を取ったのであった。[22]もちろん、こうした重要な事柄を国民の手にまかせてしまうことは危険なことであった。選出の原則が定まっていないから、そこには「さまざまな意図が陰謀を働く余地があるし、ナポレオンによって選ばれた彼らは、彼に好都合な決定を行うかもしれない……」[23]。したがって、彼らは、フランス旧貴族との連絡をとることによって、裏からブルボン家の復興を確実にしようとしたのである。* かくて、ブルボン家復興の最後の決定的な行為を、タレイラン等の王党が行うことになったのであった。

＊　アルトア伯を中心とする王党と、同盟国の間の連絡は、ヴィトロール（**Vitrolles**）のような人々によってとられていた。その交渉は三月の中旬から活発化している。カースルリーが、同盟軍本部におけるブルボン推戴の動きを初めて報告しているのは三月二十二日である。*B. D.*, p. 168f.

ブルボン家復興の物語の詳細は判然としていないし、それをここで扱うことは不必要と思われる[24]。ここでは、ナポレオンを打倒するという行為がパリー入城のわずか一週間前に明らかにされたことを注意すれば充分であろう。その理由は先に述べた。したがって、同盟軍がパリーに安全に入城し、フランスの議会がブルボンの復興を宣言し、やがてナポレオンが降伏して戦いが終了したことは、同盟国の政治家たちにとってはきわめて満足すべき結果であった。わずか一カ月前、彼らがショーモン条約を結んだときの気持を考えると[25]、彼らの満足の気持は、より明瞭に推察することができるであろう。カースルリーが四月十九日にパリーから書き送った手紙は、それを明らかにしている。彼はフランスに対する処理がきわめて良好に終了したという満足感を、彼の事務的な手紙の中にのぞかせている。

私が判断することができる範囲において、われわれは事態の処理から、それに特に嫌悪すべき性格を与えるようなものを一切除去することに全員一致して同意するであろう。われわれはフランスの大使が一般会議に加わることを提案するし、旧フランス領から連合軍が徹退することを認めるであろう。……

シャティオンの提案以上に、多少の土地をフランスに与えても、私は心配する必要はいまのところ無いと思う。いや、ブルボンとのわれわれの平和により寛大な色合いを与える強い動機が存在するのである。[26]

これはツアーの場合にはより明瞭である。「解放者」として迎えられ、非常に高揚した気分にあった彼は、ナポレオンに対してさえ非常な寛大さを示した。こうして、史上まれに見る寛大さがフランスに対して示されることになったのであるが、それはとくに賠償問題について明らかである。彼らは賠償金を要求しなかったばかりでなく、戦争捕虜の身代金をも要求しなかった(それは当時、普通は要求されていたものであった)*。

* C. K. Webster, *op. cit.*, I, pp. 273-4. イギリスは七万人の捕虜を所有しており、フランスはほとんど持っていなかったから、この行為は、イギリスの側の寛大さを示している。フェレロ(Ferrero)もまた、同盟国の寛大さを讃えているし(G. Ferrero, *op. cit.*, p. 110)、タレイランもまた、彼のメモワールのなかでそれに言及して

いる（*Mémoires de Talleyrand*, II, p. 174）。

もちろん、このような寛大さをただ彼らの感情の故にすることは誤っている。そこには実際的な考慮も働いていた。第一に、「人民の生計を犠牲にして……徴発した物資によって暮している ロシア、オーストリア、プロシアの軍隊によって支持されている王に対して、フランスの人民はどう感ずるであろうか？　……それは、同盟国の目的にとって致命的となるに違いない」[27]という考慮があり、それが早期撤兵を決定させたのであろう。領土的解決において彼らがフランスに示した寛大さにも、それによってブルボン王朝の威信をたかめようという意図が入っていたであろう。しかし、この要素のみを第一次パリー平和条約について強調することは正しくないように思われる。第一次パリー平和条約にあたって、カースルリーがとった政策は、表面的には第二次パリー平和条約のそれと同一であるけれども、彼の書簡の調子はまったく異なっている。それは第二次パリー条約に際して書かれた書簡の示すあの極度の警戒を含んでいないのである。また、客観的にいっても、彼らが撤兵を決意して調印したのは、四月二十三日の予備条約においてであり[28]、時期的にいって同盟国の注意深さを認めるにはあまりにも早かったのである。それはナポレオンの退位後、わずか十日余りであり、ルイ十八世は未だイギリスからの途上にあって、彼がフランス国民によってどの程度の支持を与えられるかは未だまったく不明であった。ナポレオンの軍隊が王に誓った忠誠がまことのものかどうかも、確実とはいえなかったのである。わずか一カ月半程前、パリーに進軍し、ブルボン王朝を復活することは、彼らにとって未だ遠い可能性であった。それは思ったよりも簡単に到達され、パリーで彼らを迎えたものは、人民の蜂起ではなく、平和を得て喜ぶ人々の姿であった。[28] 彼らの目的は完全に到達された。こうした事情において、彼らが深い警戒を示したということは想像できない。もちろん彼らにとって、ジャコビニズムの恐怖は忘れ得ないものであり、彼らがそれに充分の考慮を払ったことは事実である。彼らがイタリアの処理に際して示した、憲法を与えることへの懸念も、同じくジャコビニズムへの考慮を示している。* しかしこの時期のそれを、百日天下後のそれと同一視することは正しくないと思われる。

* オーストリア皇帝フランツ一世は、一八一四年五月、パリーにおいてロンバルディアの代表と会い、同盟国の勝利以後は、イタリアにおいて、統一運動や憲法運動といった問題はもはや存在するわけがない、と語っている。同じくカースルリーも、ナポリに憲法を与えようとするベンティックの試みに対して、「われわれは、フランス、スペイン、オランダ、およびシシリーにおいて新しい憲法を布き始めた。これ以上の試みを行う前に、その成果を見ようではないか」と書き送っている（*B. D.*, p. 181）。それは「新しい波瀾」を起す危険がある実験なのであった（*B. D.*, p. 181）。

彼らにとって、むしろ問題はナポレオン戦争によって大きな変化を蒙ったヨーロッパの政治地図を、どのように再建するかということであった。勢力均衡原則の支配した十八世紀の国際政治の伝統に育てられた彼らは、二十年の動乱がヨーロッパのバランスを変化させたことを見逃さなかった。先に述べたように、彼らはナポレオン戦争の間を通じて勢力均衡原則の上に立って行動してきた。今や彼らはその決算を迎えたのである。

こうして、パリーにおける彼らの努力の中心は均衡の作製にあったが、その場合、彼らにとっての第一の課題がフランスに対する安全保障の達成にあったことは言うまでもない。彼らはだいたいシャティオン会議の線に沿って、フランスに関する領土的解決を行ったが、その要点は、フランスの周囲に強力な防壁を作ることにあった。それはとくに、ベルギーおよびライン左岸について明らかであって、一七九二年の国境を境界線とすることを規定しただけでなく、境界線がオランダその他の軍事的便宜の観点から定められるべきことなどを詳細に規定したのであった（秘密条項の三および四）[30]。イタリアに関しても、オーストリアがロンバルディアとヴェネティアを獲得し、サルディニア王国が復興されて拡大することによって、フランスの勢力は駆逐され、北イタリアは強化された[31]。

したがって、フランスに対する安全保障の達成という課題は、ほぼ満足に解決されたということができよう。しかし、それは完全なものではなかった。なぜなら、フランスに対する安全保障は、かなりの程度において、ヨーロッパの他のバランスがどのように作製されるかにかかっているものだからである。カースルリーがスイス代表ロシュモンに語ったように、「真の安全保障は、事態の現状維持に利害関係のあるすべての国に戦いを行うことなしに、貴方の国に触れることができないという事実から与えられる（保障より得られる）ものである」[32]。かくして、フランスに対する保障ということがウィーン会議の一つの課題となったし、フランスに対する安全保障という要因は、ヨーロッパの他のバランスの作製についても、同盟国の政治家たちの考慮においてかなりの比重を占めたのであった。

パリーにおいて第二の課題となったものは、ナポレオンに対する勝利によって西方へ大きく進出したロシアの勢力に対して、どのようにして均衡を得るかということであった。ポーランド問題の解決が必要となったのである。ハルデンベルグは四カ月の間、オーストリアを代表するスタディオンと交渉を重ね、「ヨーロッパの将来の領土的解決のための計画」[33]を作製した。それはザクセンとラインの左岸をプロシアに与え、それに対してオーストリアはチロルとイタリアに進出し、――重要な点であるが――ワルソー王国からクラコーとターノプルの一帯を得ることになっていた。オーストリアはザクセン問題での譲歩を代償として、プロシアの協力を得、それによってポーランド問題を解決しようとしたのである。ハルデンベルグはこの計画を五月五日、ツアーに提示したが、ツアーは断固として拒否し、ソーンを越えてはるかに深く西進した境界線を作る計画を示した。[34]ポーランド問題はデッドロックに達してしまったのである。こうして、ロシアの勢力に対する均衡の達成ということがポーランド問題を中心としてウィーン会議の課題となったのであった。*

* 第一次パリー平和条約について、それがイギリスの海洋支配を確立したという事実にも注目しなくてはならない。イギリスは、その獲得した植民地の大半を返還しながらも戦略地点――たとえばサンタルチアやトバゴ――を保持することによって、海軍力の拠点を獲得したし、解放戦争における外交によって（*B. D.*, p. 6f., p.

14, p. 31f., p. 29f., p. 116, p. 117f., p. 126f.）、海洋権を平和条約における議論の対象からはずすことに成功していた（*D'Angeberg*, p. 105）。

また、第二次百年戦争の始めから、イギリスがその目的としてきたドーヴァー海峡の支配（*The Cambridge History of British Foreign Policy*〈New York, 1922〉, Vol. I, p. 39, p. 49; *F. B. F. P.*, p. 10, p. 20; *B. D.*, p. 111, p. 116, p. 117f.）もこのとき確実なものとされた。パリー平和条約がオランダの保全のために、きわめて詳細な規定を設けたことはすでに述べたが、同条約十五条においても、アントワープが純粋に商業港として用いられるべきことを規定している。こうして「イギリスの平和（Pax Britannica）」の基礎はきずかれたのであった。

二　ウィーン会議

1　ロシアと均衡への新しい脅威

ナポレオンに対抗する王たちの同盟は完全な成功を収めた。フランスは「旧い王」を支配者として「旧い領土」のなかに帰った。しかしこのことによって同盟の使命が終了し、ヨーロッパの再建が完成されたのではなかった。一国の覇権に対抗する大同盟は、その勝利によって一応の成果を得るであろう。しかし、それで問題は終ったのではない。戦いの間にバランスは変化し、旧敵国の敗北によってそれは明らかにされる。かくして失われたバランスを回復することこそ、平和処理の最大の問題となるのである。ウィーンに集った政治家達が解決を要求された問題は、この問題であった。

フランスの帝国主義の脅威が終了しつつあったとき、ヨーロッパの人々の目には、それに代るものとしてロシアの脅威が大きく浮び上ってきた。ロシアの脅威をもっとも早く感じたのはメッテルニッヒであったが、それはすでに十八世紀の終りにロシアのバルカンへの膨張が東ヨーロッパにおける平衡を破壊しそうになっていたという歴史的な事実*からも理解されることである。彼は、ロシアがナポレオンの侵略を撃退し、それを追ってナポレオン打倒の旗印をかかげたときから、早くもその蔭にロシアの帝国主義の危険を意識していたように思われる。(35)

* 十八世紀におけるロシアのバルカン進出は、中欧諸国の政治家たちをして絶えずバランスの回復に注意することを必要ならしめた。そのもっとも代表的な例はポーランドの分割である。ポーランド分割のもっとも根本的な原因は、エカテリーナ二世下のロシアのバルカン進出であった。ロシアがバルカンに進出すること、とくにモルダヴィア、ワラキア二州をロシアが取ることは東ヨーロッパの均衡を破壊し、オーストリアの地位を弱めることになるので、オーストリアはロシアが第一次露土戦争(一七七二年)によってこの方面に進出することを阻止しようとした。この利害の衝突は全面的戦争に導く危険があったが、プロシア王フリードリッヒの仲介で、ポーランドを分割してバランスを保つことになり、危機が避けられたのであった。F. Schuman, *International Politics*, 5th edition (New York, 1953), p. 73. モーゲンソーは、このポーランド分割を、勢力均衡政策の古典的な例の一つとしてあげ、policy of compensation の典型としている。H. J. Morgenthau, *Politics among Nations*, 2nd edition (New York, 1954), p. 167, p. 180, p. 184.

それは一八一二年十二月、イギリスがオーストリアに送った使節ウォルポール(その使命はオーストリアと同盟を結ぶことであった）も認めているところである。ウォルポールは書いた。

メッテルニッヒ伯は、彼の現在のジレンマから、その手段〔全般的平和交渉——筆者註〕によって逃れようとしている。戦争の継続は結局彼の体制を打ちこわし、オーストリアを戦闘行為に引き込むであろうという彼の恐れはきわめて大きいので、彼はそれを避けるためには、拡大の希望をすべて喜んで捨てようとしている。このように彼は平和を求めたいという動機によって動かされているが、それはフランスから自国の失ったものを取り返した上の平和とか、ドイツの独立の上に立った平和とかいうようなものではなくて、可能ならば、このロシア戦争が始まる以前のステータス・クオの上に平和を築きたいというものである。[36]

こうして、ロシアの脅威を意識したメッテルニッヒが、ナポレオン戦争の間、ナポレオンとの平和交渉という手段を用いてツアーの野心を制限しようとしたことはすでに第一節において述べた。しかし、それは満足すべき結果をもたらしていなかったし、またパリーにおいてオーストリアとプロシアの二国が共同して行ったポーランド問題解決への努力も失敗していた。このように、ツアーが秘かに、しかし強く持ちつづけていたポーランドに対する野心とはどのようなものであっただろうか？

ナポレオンを破り、神聖同盟を建設したこの謎めかしいツアー、アレクサンドル一世について、彼の業績を理解するためには、彼の性格を理解する必要がある。彼がポーランドの復興を考えたのも、ウィーン会議がそのために紛糾したのも、そしてまた結局妥協が成立したのも、すべて彼の性格を知ることなしに理解することはできない。

エカテリーナ二世の宮廷の自由思想的な雰囲気で育ち、ラ・ハープの教えから多くを学んだ彼は、[37]彼の治世を彼の理想の実現に捧げようと決心していた。この理想主義こそ、泉のごとく枯れることなく、彼にエネルギーを与えたところのものであった。しかしまた、ナポレオンが彼について述べたように、彼には何ものかが欠けていた。[38]彼のすばらしい知性と気高い意図が挫折し、彼をして悲劇的な人物ならしめたものは、彼の性格に潜む深い矛盾であった。彼は、ツァルトリスキーの言葉を借りるならば、「深い憂鬱と神秘主義の間」[39]をさまようのであった。彼が精神的に欠陥を持っていたかどうかは明らかでないし、それをここで扱うことは意味のないことであろう。ここではただ、彼の気分が手のひらを返すように変ることがあったことと、ロシア専制主義の伝統が、虚栄心に富み、利己的な性格となって彼に伝えられていたことを指摘すればよいであろう。*

* ナポレオンだけでなく、メッテルニッヒもカースルリーも、彼の精神の完全な正常性を信じていなかったようである。「事実、皇帝の精神は完全に正常ではない」。*B. D.*, p. 384. ニコルソンは、今日の精神科医は彼を分裂症と診断したであろうと書いている。しかし、ここでは断定を避けたい。H. Nicolson, *The Congress of Vienna* (London, 1946), p. 9. なお彼の性格はニコルソン（同上書）も描写しているが、フィリップスの描写

が秀れている。**W. A. Phillips, *op. cit.*, pp. 53-4.** とくにエンサイクロペディア・ブリタニカ（一九五六年版、第一巻）で行っている描写が簡潔で、的を射ている。

それはともかくとして、ポーランド復興計画は、彼の理想主義が生んだ産物であった。彼は青年時代に（一七九七年、彼は二十歳）ポーランドの貴族、ツァルトリスキーに会った。二人は理想主義を共通の地盤として交友を深めたが（ツァルトリスキーは一八〇七年まで彼の外相をつとめた）、そのツァルトリスキーに向って、彼はポーランド分割の非行を詫び、その独立のための闘争が成功するようにと望んでいる。㊵やがて、ツァーがナポレオンを追ってロシアの国境から踏み出したとき、ツァルトリスキーはツァーに対して、彼のポーランドに対する理想が変らずに残っているかどうかをたずねた。㊶これに対してツァーは、一八一三年一月十三日の手紙で、「ポーランドに対する自分の感情と意図を変えるものは何もない」と答えている。㊷かくして、解放戦争の始めから、彼はポーランド復興をその一つの目的としていたのである。

しかし、たとえ彼の意図の真面目さは疑うべくもないとしても、それはヨーロッパのバランスに大きな脅威を与えるものであった。また彼が復興すべきポーランド王国の中に、ロシアがポーランド分割によって得た部分を加えなかったことからみても明らかなように、㊸彼の場合には、理想主義と利己主義とが奇妙な結合を見せていたのである（コーレンクールはそれを、リアル・ポリティークに色づけられた利他主義と名付けている）。㊹メッテルニッヒはこうしたツァーの意図をあらかじめ察知していたし、秘密警察によって確かめていた。㊺こうしてポーランドをめぐる対立が始まったのであった。では、このことに関してカースルリーはどう考えていたであろうか？　一八一三年の初め、彼は、フランスを打倒するためにやむことなく戦いつづけてきた国の外相として、メッテルニッヒの優柔不断を快く思っていなかった。[46] また、ピットの弟子たることを誇りにする彼は、ピットのメモランダムに忠実に従っていたので、戦争終了後の平和の保障はイギリスとロシアの協力を中心にして得られると考えていた。* しかし、大陸に渡った彼は、メッテルニッヒからツアーの野心を知らされた。[47] ベルナドッテをフランスの王にしようとする計画と、** ポーランドへの野心がそれである。

* ピットは一八〇五年の覚書、**Pitt's Memorandum on the Deliverance and Security of Europe, Jan. 19, 1805.** のなかで、「海洋国たるイギリスと大陸国たるロシアは、ヨーロッパにおいて全体的利益と安全保障以外の特殊の利益を持っていない。したがってこの〝満足した〟二国の協力が、戦争後の組織の安定と永続性とを維持するための同盟の中核をなすべきである」という意味のことを書いている。*F. B. F. P.*, pp. 10–20.

** しかし、ツアーのこの計画は、彼のポーランド復興計画ほど真面目に考えられたものではなかった。彼のフランスの王位に関する態度は、彼がすぐ後でカースルリーに語った言葉、「国民をして彼らが好む者を選ばせよう」（*B. D.*, p. 138 f., **Castlereagh to Liverpool, Langres, Jan. 29, 1814**）がより正確に物語っている。しかし、彼はブルボン王朝に対して深い不信の念をいだいており、「一人として王にふさわしい者がいない」と考えていた（*B. D.*, p. 139）。そこでブルボン家復興等の計画に対し、対抗的に（これは、パターナリスティックな彼の性格からして理解できよう）、有能な軍人で、自らと親しいベルナドッテを候補者としたにすぎない。でなければ、彼がやがてタレイランによって容易に説得されたこと（**G. Ferrero, *The Reconstruction of Europe* 〈New York, 1941〉, Chap. Ⅵ**を見よ）の説明がつかない。こうした、ツアーのパターナリスティックな性格は当時のヨーロッパに、ロシアへの恐怖を与えた一つの原因となった。

これに対して彼は、いかにも彼らしく、まず同盟国による戦闘の継続という目前の問題を第一の目的として、そのためにこの問題をめぐるオーストリアとロシアの対立を宥和しようとした。[48]そしてフランスが打倒された後、アレクサンドルが解放者として迎えられているパリーから彼は書いた。

皇帝は最大の功績を持っているし、高い位置を与えられなくてはならない。しかし、彼は一本立ちに行動させてはならず、仲間として取り囲まなくてはならないのであり (to be grouped)、そして、彼だけを賞讃の対象としてはならない。[49]

また、彼がウィーン会議の前にウェリントンに手紙を送り、イタリアのミューラーに関するフランスの見解を確かめ、ポーランド問題をめぐる情勢をフランスに知らせるように指令したことも、彼がこの問題を重要視していたことを示している。[50]

この計画が新たなる戦争の種をまくものであり、すべての希望と休息と、真の確信と平和を絶やしてしまうだろうというおそれは……すべての人の目に明らかなことである。[51]

こうして彼が、フランスの帝国主義に代るものとして、ロシアの脅威をウィーン会議の最大の問題として捉えたことは、ソールズベリー卿により、またモーゲンソーにより、彼の偉大な功績として高く評価されているところである。[52]タレイランもまた、彼の有名な「会議への王の大使のための訓令」のなかで、次のように書いている。

ポーランドのすべてをロシアに与え、ヨーロッパにおいてすでに四四〇〇万の人口を持っているロシアに、さらにその人口を与えるためにポーランドを復興し、その国境をオーデル河まで伸展させることは、ヨーロッパに対して大きな危険を与えることになるであろうし、そしてその危険が大きく、また差し迫っているが故に、平和を維持することに失敗するようになってしまうであろう。[53]

事実、E・L・ウッドワードが述べているように、ロシアの恐怖は十九世紀前半の国際関係における大きな要因であった。ロシアは、あの無敵の軍事的天才、ナポレオンを破ったその国であった。[54]ナポレオンの持っていた軍事的栄光とそれへの恐怖は、ロシアによって受けつがれることになった。しかも、アレクサンドル一世の「ヨーロッパの解放者」としての名声と、彼の態度のあいまいさは、ロシアの外交機関が各国において試みつつあった敵対的行動＊と共に、各国に恐怖を植えつける働きを持っていたのである。しかし他方、この恐怖は著しく誇張されたものでもあった。ロシアがナポレオンを破ったのは、その国土の膨大さと風土的条件によるところが大きいのであったが、それは注意されなかったのであった。また、その陸軍は膨大なものであったが、「その軍隊行政は乱れており、将校は怠慢で、しかも兵士と将校の間には、憎しみと恐れがあった」。しかし、こうした事実は注意されなかったのである。[56]それはともあれ、当時のヨーロッパの政治家たちはロシアを恐るべき勢力として考えていたのであり、こうしてウィーン会議において最大の問題となったポーランド問題は始まったのであった。では、この問題はどのように解決されたであろうか？

＊　一八一四年十月、ウェレズリー卿はマドリッドからカースルリーに宛てて書いた。「タチシェフが彼の宮廷からの指令に基づいて行動しているかどうかは判らないが、もし彼が指令に基づいて行動しているとすれば、ヨーロッパの各地を通じて、とくに戦争の間にイギリスが与えた援助によってイギリスが正当な勢力を獲得している宮廷において、支配的な勢力を得ようというのが、ロシア皇帝の目的のように思われる」。**H. Nicolson,** ***op. cit.*****, pp. 119–20.**　このような情報は至るところから伝えられたのであって、ロシア外交機関のこの種の活動は、無視するにはあまりにも多く、かつあまりにもしばしばなされたのであった。キッシンジャーもその事実を認めている（**H. A. Kissinger,** ***op. cit.*****, p. 150**）。またフィリップスもウィーン会議後のそれについて多くの例を挙げている（**W. A. Phillips,** ***op. cit.*****, pp. 153–4**）。そうした活動はある意味では、彼の性格のように矛盾に満ち、一定の方針がないようにも思われた。彼はドイツでは自由主義を援け、スペインではヨーロッパでもっ

とも極端な反動君主に援助を与えた。しかし、前者はオーストリアを弱め、後者はスペインの協力をえて地中海に進出しようとする点で、ロシアの伝統的政策であった南下政策を見事に遂行していた。したがってそれは、オーストリアと――より少ない度合において――イギリスに対して脅威を与えたのであった。

このロシアの脅威に対処した勢力の中核、それは、現状維持勢力であった二つの国、イギリスとオーストリアの協力であった。

彼らは、フランスに対する安全保障を完成することと並んで、ロシアの脅威に対処する必要を正しく捉えていた。次のメッテルニッヒの言葉はそれを明らかにしている。

フランスとロシア両国の優越によって絶えず脅かされるオーストリアとプロシアは、賢明で釣合いのとれた政策、すなわち、二国相互および彼らの隣人との間の交友関係においてのみ、その平穏を見出すことができる。[57]

かくて、オーストリアは拡大を求めなかったのであり、何よりも平和を望んでいたのであった。[58]これに対してイギリスは、幸運にも大陸において直接の利害関係を持たず、バランサーとして行為できる位置にあった。もちろんイギリスも、自国固有の利害関係を持っていたのであり、海洋における絶対的支配の獲得がそれであった。いわゆる海洋権（maritime rights）を交渉の対象とすることをイギリスはくり返して拒否してきた。イギリスの主張は不合理なものであったし、ヨーロッパの各国はフランスを中心としてそれに抗議を重ねてきた（武装中立はそのもっとも目ざましい例である）。しかし結局のところ、イギリス海軍力の絶対的優越の前に、彼らは屈服せざるを得なかったのである。他の絶対的条件、オランダをフランスの侵略から安全ならしめることも、同盟国によって認められていた。このようにして自国固有の利害関係について、すべてを満足に解決したイギリスは、大陸において正当な均衡を打ち建て、新たな戦乱が起こらないようにすることを第一の目的とすることができたのである。イギリスは大陸において領土的な野心をまったく持たなかったし、ヨーロッパにおける均衡の作製をきわめて重要視したので、戦争中に獲得した植民地を返還するという外交的武器を、そのために用いようとしたのであった。[59]

また、打ち建てるべき均衡の具体的な内容についても、この両者は一致していた。ピットは彼の有名な覚書の中で、プロシアを強化し、フランスに対する防衛の「強力かつ有効な障壁ならしめる」[60]ことを重要と考え、さらにオーストリアとプロシアの間に「力強い、有効な協力関係」[61]が成立することを望ましいと考えていた。カースルリーはこの線に沿って、強力な中欧を作ることこそ、フランスとロシアの脅威に対して同時に対処するものだと考え、それこそピットの「真の伝統」に沿うものと確信していたのである。[62]この方針と、次のメッテルニッヒの言葉を考え合わせてみた場合、両者の意見の同一性は明らかであろう。

もし英国が……ヨーロッパの平衡の価値を評価するならば、それはロシアとフランスの両者の野心を共に封じこむことができる一つの国を維持しようと願うであろう。[63]

このイギリスとオーストリアの連合が、結局ウィーン会議とその後の数年間を支配するようになるのであるが、それまでには困難が横たわっていた。ポーランド問題が妥協によって解決されるまでには三カ月以上の月日が必要となり、決裂や戦争の危険さえ感ぜられたのである。

2 ザクセン問題——全体的均衡と部分的均衡

それは基本的には、ある一つのバランスに新しい力が加わるときに、常に惹起される問題、バランスの再調整の問題であった。ロシアは十八世紀の間に、次第にヨーロッパの国家体系に加わりつつあった。そして、ナポレオン戦争の勝利によって、それは今やヨーロッパ国家体系の完全な一員としての地位を要求することができるようになったのである。したがって、それが一七九二年のステータス・クオよりも西へと進出することは必然のことであった。しかし、それは同時に、ヨーロッパ諸国の側に一種の恐怖感を与える。かくて、その調整は困難な仕事となったのである。しかも、それはさらに二つの要因によって、より激しく紛糾することになった。まず、こうしたヨーロッパ諸国——それは概して過大な犠牲をツアーに要求するものであった*——に対するツアーの態度が、妥協を不可能にさせるようなものであった。それは彼の感情の不安定さに基づくものであったが、会議の最初の段階において交渉をいたずらに紛糾させたものであって、やがて彼の態度が妥協的になると、ポーランド問題は解決に向って大きな進展を見せるのである。次に、ポーランド問題には、ザクセンをめぐる対立がからまった。ウィーン会議において戦争の危険まで感ぜられたのは、ポーランドをめぐる紛糾によるものであったというよりは、むしろこのザクセンをめぐる紛糾であった。こうした事情は、ポーランド・ザクセン問題の簡単な経過をたどることによって明らかにされるであろう。

＊　たとえば、十月二十四日メッテルニッヒがツアーに提示した案は（注(78)参照）、一七九二年のステータス・クオに基づくものであって、ナポレオン戦争の結果生じた現実の力関係に著しく反するものであった。

第一段階

この段階は、カースルリーがツアーとの会見において（九月二十六日および十月十三日）、個人的にツアーを説得しようとした時期である。カースルリーはツアーのポーランド復興計画がヨーロッパの平衡を破壊することを注意したが、それに対してツアーはポーランドの人民への「道徳的義務」を主張すると共に、「私はポーランドを現に所有しているのだから、ポーランド問題は一つの道以外に終ることはないであろう」(64)と語った。この言葉が示すように、ツアーとの間の妥協は不可能であった。しかし、この言葉を彼の野心の現われと解釈するのは正しくないであろう。

先に指摘したように彼には理想主義と相並んで専制君主としての性質が存在した。彼は司法相ツエルハーリンに対して、

お前はいつも私を指図しようとするが、私は専制君主なのであり、だから私はこれをするであろう。他のことはしないのだ。[65]

と語っている。彼がポーランドについて語った言葉は、これと同じ気持で吐かれたと考えるのが正しいであろう。自らが解放戦争において果した役割を誇らしげに自負し、しかもポーランドについては現にそれを占領している彼としては、激しい反対を前にして、「この問題は自分の問題であり、他の人によってとやかくいわれるべきものでない」とでも言いたかったのであろう。とくに彼は、パリーにおけるルイ十八世との会見によって、その虚栄心を傷つけられていた。* 第一次パリー平和条約後イギリスを訪れたツアーが、一国の元首を侮辱し、反対党の指導者をはげまし、敵国アメリカに同調するという外交的愚行をロンドンにおいて演じたのも、[66] ルイ十八世から与えられた心の傷の故であったと解するべきであろう——彼の性質からすると、それは自然な解釈のように思われる。彼はウィーン会議の初期において、野心を示すものとしてはあまりにも単純な発言をくり返しているのである。**

＊　彼は自分がルイ十八世を王位につけてやったのだと考えていたから、ルイ十八世から感謝の意が表明されることを期待していた。しかし、ルイ十八世は彼を単なる賓客として扱ったのである。これは十八世紀におけるフランス王とロシア皇帝の格を考えると理解される面もあるが、虚栄心の強いツアーにとっては厳しい侮辱であった。多くの人がこの会見の重要性を強調しているが、ニコルソンの描写がもっとも秀れている（**H. Nicolson, *op. cit.*, pp. 107–8**）。さらに、**H. du Coudray, *op. cit.*, p. 117 ; G. Ferrero, *op. cit.*, pp. 102–4.**

＊＊　彼はポーランド問題に対する自己の権利を、子供っぽいとさえ言える単純さでくり返している。

　一八一四年八月、ワルソーにおもむくネッセルロードへの訓令において、「ワルソー王国は、ナポレオン帝国からの征服の権利において、私のものである。しかるに、全ヨーロッパは私に反対して徒党を組んでいる」（**G. Ferrero, *op. cit.*, p. 147**）。

　一八一四年十月一日、タレイランとの会見において（それはタレイランがルイ十八世に宛てた十月四日の手紙に描かれている）、「私が占領したものを放棄するくらいなら、戦争の方がましだよ」（***Mémoires de Talleyrand*, II, p. 327**）。

　一八一四年十月二十三日、タレイランとの会見において（それは十月二十五日付のルイ十八世への手紙に描かれている）、「貴方たちの言う文書や条約にどんな重要性を私が与えていると思うのか。私にとって、すべてにまさるものがある。それは私の言葉だ。私はそれを与えた。だからそれを守るだろう」（***Mémoires de Talleyrand*, II, p. 393**）。

第二段階

カースルリーは、こうしたツアーの態度に面して、有効な反対勢力を集めようとした。まず彼はドイツ問題に関する意見の相違を解消することによって、プロシアとオーストリアの間に協力関係を打ち建てようとした。* 先に述べたように、イギリスは、オーストリアとプロシアの間に、「有効な協力関係」が成立することを望んでいたが、同時に、そこに横たわる利害の対立も熟知していた。[67] したがってカースルリーは、解放戦争の間、この問題に対して直接の介入を避けてきたのであったが、[68] 今や、ポーランド問題を解決するためにも両者の協力は必要不可欠のものとなった。そこでイギリスは仲介にのりだしたのであったが、ザクセンとマインツをめぐってこの両者の間に存在した意見の相違は、カースルリーが予測したよりもはるかに大きなものであった。

* *B. D.*, p. 201 f., Castlereagh to Liverpool, Vienna, Oct. 9, 1814. 彼ははじめ、ドイツ問題に関する妥協によってプロシアとオーストリアを協力させるだけでなく、フランスの協力をも得ようとした（*B. D.*, p. 202）。しかし、それはオーストリアとプロシアの両者に歓迎されなかった。そこで彼は、フランスとオーストリアの間にはミューラーに関する対立が、フランスとプロシアおよびオーストリアとプロシアの間にはザクセンをめぐる対立が存在することを考慮したあとで、イギリス・オーストリア・プロシア、もしくは、イギリス・オーストリア・フランスという結合が可能であると判断している。そして、こうした結合はできるだけ避けたいが、それが是非とも必要になった場合、前者をまず試みるべきであると結論している（*B. D.*, p. 217 f., Castlereagh to Wellington, Vienna, Oct. 25, 1814）。

プロシアはすでに一八一四年四月、「将来のヨーロッパの領土的解決のための計画」* を提出して、ザクセン併合の意図を明らかにしていたが、このプロシアの意図に対しては激しい反対が予想された。オーストリアは、パリーではプロシアの領土的解決案に賛成していたが、オーストリアがプロシアのザクセン併合に賛成したのは、それによってプロシアの協力を得てポーランド問題を解決することを欲したためであり、もしポーランド問題においてロシアが譲歩しなければ、オーストリアがプロシアのザクセン併合に反対することは、オーストリアの解放戦争における外交からみても明らかであった。また、プロシアの強大化を恐れる割拠主義的なドイツ中小諸国がそれに反対することも、疑い得ないものであったし、そのドイツ中小諸国を援けようとしているフランスがプロシアのザクセン併合に賛成するはずもなかった。そして、イギリスはまったく中立的であった。したがって、プロシアをザクセン問題において支持してくれるのはロシアだけであって、それ故にプロシアは、ポーランド問題において激しくロシアに反対するならば、その最善の後援者を失うことになるのであった。しかしまた、ロシアの恐怖は、プロシアにおいても強力に支配していた。[68]将軍たちは、軍事的見地からみて防禦可能な東部国境を、**全員一致で要求していたのである。しかも、プロシアのおかれている地理的条件の故に、それはオーストリアその他のドイツ諸国との友好関係を必要としたから、ロシアとの同盟は危険性の多い冒険であったし、また、たとえロシアの後だてを得ても、ザクセン問題での満足を得るかどうかは確実でなかった。

* プロシアがザクセンを併合するために用いた議論は、ザクセンがナポレオンに献身的（dévoué）であり（*D'Angeberg*, p. 184f. Exposé de la marche politique du Roi de Saxe fait a Berlin au mois de Juillet 1814）、最後までナポレオンの側についていたというものであった。それは事実であったが、しかしプロシアがザクセン併合に固執した真の理由はその軍事的価値のゆえであることは明白である。ザクセンの軍事的価値は、ナポレオン戦

争中の軍事史からも明らかであろう。

** Treitschke, *op. cit.*, II, p. 36.「軍事的見地からみて防禦可能」とは、実際にどの線を指すかは明らかでないが、①ヴィスツラ河の線、②それより西へ進んでワルタ河とニッダ河の線、③その中間の低い山岳地帯の三つの可能性が考えられる。①がもっとも望ましく、②がそれに次ぐであろう。

そのジレンマは次のフンボルトの言葉に要約されるであろう。

ドイツ問題は、プロシアにとってもっとも密接でもっとも重要な意味を持ちつづけるであろうから、ロシアはそれについてオーストリアが離反することの代償をわれわれに与えることができない。プロシアがオーストリア、イギリス、ドイツおよびオランダとの結合という、その自然の国家体系から、もっとも正当な、またもっとも重要な動機なしに離れるならば、安定と平衡と保証はもはや考えられないであろう。[70]

かくてプロシアは、ポーランド問題について、オーストリアおよびイギリスと協力することを選び、それの代償に、またその前に、ザクセン問題について満足を得ることを望んだのである。十月九日、ハルデンベルグはメッテルニッヒに書簡を送り、ポーランド問題におけるプロシアの協力は、オーストリアがプロシアのザクセン併合を承認することおよび、誠意のしるしとしてプロシアがザクセンを一時的に占領することに同意することを条件とする旨申し出た。[71] カースルリーがドイツ問題に関する意見の調整を試みたのはこの線に沿ってであった。[72]

しかし、これに対してメッテルニッヒは、ザクセン問題について譲ろうとしなかった。もちろん彼は、十八世紀とは異なって、今やオーストリアとプロシアが協力しなければならないことを知っていた。[73] しかしまた、その協力関係においてオーストリアが指導的地位にたつことも、彼にとっては必要なことであった。なぜなら、彼はプロシアを警戒すべき勢力と考えた。とくにタウロゲン協商*やスタインの計画によって代表される民族主義は、ジャコビニズムの危険をはらむ「危険な精神」[74]であり、「ボナパルトを模倣するもの」と思われた。こうした危険に対して、彼はオーストリアとプロシアが均衡を保つようなドイツ連邦を構成することをまず果されるべき目的であると考えた。そうすれば、ドイツ連邦の中小諸国に策動を用いることによって、オーストリアが指導的地位に立つことができるであろう。したがってザクセンをプロシアが併合することは、この計画を根本からくつがえすものなのであった。メッテルニッヒは十月八日、タレイランと会見して、「少なくともザクセン王国の一部分を救うために最善をつくすであろう」[75]と語っている。ハルデンベルグの線に沿って交渉を進めるカースルリーに対して、彼はなかなか承諾を与えなかったのであった。[76]

＊　タウロゲン協商は、プロシアの将軍ヨークとロシアの将軍ディービッシュの間に一八一二年十二月三十日に結ばれたもので、ヨークは軍事的な必要から、プロシアが中立を守ってロシア軍の通過を許すというこの協定を結んだのである（そうしなければ、プロシアは自国を戦場として戦わねばならなかった）。しかもヨークは、

プロシア王に無断でそれを行ったのではなく、数回にわたって王の認可を求めたのち、軍事的必要に迫られてそれを結んだのであった。しかしそれは、彼が自らの意志で、愛国的情熱の故に行ったのであると取沙汰され、プロシア国民の決起のシンボルとして国民の間に大きな愛国的情熱を惹起した。H. Nicolson, *op. cit.*, pp. 18–20. 箕作元八著、大類伸校訂『ナポレオン時代史』下巻、一四四〜一四五ページ、一五五〜一六四ページ。この事実は、当時プロシア国民が、フランスに対して強い反感を持ち愛国心に燃えていたことを示す一つの例であるが、メッテルニッヒは、当然こうした動きを深く憂慮したのである。一八一三年の末、ウォルポールは書いている。「彼の気分は彼が受けとったあるニュース〔タウロゲン協商を指す〕によって、極度にかき乱されているように思われた。彼はいつもは感情をまったく持たないかのようである。しかし、その彼が今起こったばかりのことによって、著しく気持を乱されているように思われた。彼はそれを一種の革命のように話した」。C. K. Webster, *op. cit.*, p. 158, p. 168, p. 169 ; H. A. Kissinger, *op. cit.*, p. 56.

しかし、十月二十二日、彼はカースルリーとハルデンベルグに書簡を送り、オーストリアは、「ドイツおよびヨーロッパのバランスに対して、かくもしばしば有用であった中間的な国家の破壊」をきわめて嘆かわしいことと考えるが、「正当な平衡を打ち建てるために」プロシアによる併合を承認すると告げた。(77) ただその条件として、㈠プロシアのザクセン併合はポーランド問題の満足すべき解決を条件とすること、㈡マインツの城塞*はドイツ連邦の南部の諸国のものとすること、㈢モーゼル河をラインにおけるプロシアの膨張の南の限界とすること、を申し出た。このようにして、イギリス、オーストリア、プロシアの共同戦線が成立したのであり、三国は共同でアレクサンドル一世に対して、㈠独立した王の下に、第一次分割以前のポーランド王国を復興するか、㈡同じ条件の下に一七九一年のポーランド王国を復興するか、㈢ヴィスツラ河の線で分割するか、のいずれかを選ぶことを要求することになった。[78]

* D'Angeberg, p. 316f.　マインツの城塞はライン河畔の軍事的要点で、これもオーストリアとプロシアの係争点の一つであった。オーストリアは、パリーでプロシアのザクセン併合に同意したときも、マインツをプロシアが取ることには賛成しなかった。タレイランもこの地点をプロシアに与えることに反対であった。

しかし、このメッテルニッヒの承認の真意については、多くの議論がなされてきた。とくに、彼がポーランド問題の満足すべき解決を、プロシアのザクセン併合の条件としたことは、それによってプロシアのザクセン併合を妨げる方に重点があった――ツァーの態度からして、三国の要求の線でポーランド問題が解決される見込みは少なかったのだから――とする意見も吐かれている。[79]プロシアの外交筋自身も、早くもそれから三日後には、メッテルニッヒの真意を疑っている。[80]事実、十月二十四日、ツァーと会見したメッテルニッヒは三国共同提案をツァーに提示したが、ツァーは大層怒り、タレイランの言葉によると、「自国の大臣に対しても示すことのできないような態度」を示したのであった。またこの会見を、彼が進んで引き受け、そして彼が常に見せる駈引きも準備もなしに、ツァーとの会見に臨んだことは、メッテルニッヒの真意に対する疑惑を強めるものである。[81]しかし、メッテルニッヒの行動の一般的特徴を考えてみると、この場合、ザクセンがより重要か、ポーランドがより重要かを定めることはあまり意味がないように思われる。

二つの可能性に面した場合、彼にとっては、AとBとの比重をあらかじめ定めることよりも、AまたはBという可能性を最後まで残しておく方に重点があるのであり、AかBかの決定は、事態が切迫して、避け難いものとなるまで行いたくないものであったからである。メッテルニッヒの行動の極度の柔軟性は、この行動原則に基づいている。したがってここでは、メッテルニッヒがザクセン問題をポーランド問題と少なくとも同程度に重視していたことと、ポーランド問題とザクセン問題が、このようにしてからまりあうことになったことを指摘すれば充分であろう。

こうして三国共同提案に面することになったツアーは、プロシア国王に働きかけて、それを切り崩そうとした。そしてプロシア国王はツアーに対する敬愛の念からツアーに説得されたのであった。[82] かくて十一月五日、プロシア王はハルデンベルグに対し、イギリスおよびオーストリアとポーランド問題に関する交渉を持つことを禁じた。[83] 三国共同戦線は崩壊したのである。

第三段階

こうして完全に行き詰った会議は、「会議は踊る、されど進まず」という状態を呈することになった。以上に述べたことから、プロシアがもっとも不利な地位におかれることになったことは明らかであろう。そこでハルデンベルグは、十一月十八日から十二月二日の間、単独でツアーと交渉したが、ツアーはソーンとクラコーを自由市にしようと申し出た以外は、以前と同じ議論をくり返した。しかし、これはツアーがポーランド問題が交渉の対象となることを認めた最初であって、以後彼の態度は次第に妥協的になるのである。[84]

他方、メッテルニッヒも、その態度をポーランドについては妥協的に、ザクセンについては強硬なものに変えつつあった。十一月十一日、タレイラン、カースルリー、ネッセルロードは、メッテルニッヒの招きでイタリア問題に関する会合を持ったが、その会合の後、メッテルニッヒはタレイランに対して私的に話し合った。そして、「ザクセンに関しては少しも譲らないが、ポーランドについては、もしアレクサンドルがまったく譲らないならば、かなりの譲歩を行うであろう」とタレイランに語っていた。[85]——〝かなり〟とは完全な譲歩を意味するとタレイランは解釈している。したがって、ハルデンベルグが伝えたツアーの条件を前にして、メッテルニッヒは、ザクセンに関するプロシアの要求を修正する方向に解決を求めようとした。彼は十二月十日、プロシアに対し、ポーランド問題が満足すべき解決をみない以上、ザクセンをプロシアに与えるならば、オーストリアはその両側に脅威を持つことを指摘し、それは自国の安全の維持のために認め難いことであるだけでなく、ドイツ連邦内におけるオーストリアとプロシアの間の調和を破壊するものであるから承認することはできないと回答した。[86]こうしてハルデンベルグの個人的交渉も失敗したのであった。

第四段階

このメッテルニッヒの回答によってザクセンへの希望を危うくされたプロシアは、自暴自棄に近い態度をとり、ポーランド問題に関するメッテルニッヒの書簡をツアーに送るという、はなはだしい外交的非礼を行った。これは当然、プロシアとオーストリアの関係をさらに悪化させた。[87]しかし、この行為は奇妙にもツアーに対して良い影響を与えたのであった。すでに述べたように、彼の気分は次第に和らぎつつあった。そして、彼はこのプロシアの行為――それは対抗的に、オーストリアをして、プロシア側の文書をツアーに送らせた――によって、彼の計画が同盟国の間に非常な不安と紛争を巻き起していることを知った。もしそれを放任して、会議が成果を得ないで解散するようなことにでもなれば、ヨーロッパの再建は不完全なままで終るのであった。ヨーロッパの再建を最大の夢とするツアーにとって、それは耐えられないことであった。[88]彼の態度は際立って妥協的になった。[89]十二月十三日、オーストリア皇帝フランツが誤解を解くために彼を訪問したとき、彼は友好的な態度を示し、ロシアが一八〇九年にオーストリアから得たターノプル一円を返還することを申し出た。同様のことは、カースルリーの側についても言えることであった。彼にとっても、ポーランド・ザクセン問題をめぐって会議が決裂し、ヨーロッパの再建が不完全なままで終るよりは、妥協の上に立って、ヨーロッパの再建を完成することの方がはるかに望ましいことであった。すでに十二月七日の手紙は、彼のそうした気持を示している。*

* *B. D.*, p. 255f., Castlereagh to Liverpool, Vienna, Dec. 7, 1814. 彼はツアーが領土問題という小さな問題の故に事態を混乱させておくようなことは無いであろうと希望し、もしツアーがワルタ（Wartha）とニッダ（Nidda）の線まで譲れば、それは重要な便宜（essential facilities）を与えるであろうと述べている。この彼の

期待は、彼の初期の態度よりもはるかに後退しているし、軍事的に考えても、オデール河以東の防衛線として、もっとも後退したものである。九九ページ注**参照。

こうして、ポーランド問題は解決の兆しを見せ始めたのであったが、これに反してザクセン問題はますます紛糾し、プロシアは武力の行使をさえ叫ぶようになった。[90] タレイランの姿が大きく浮び上ってきたのはこうしたときであった。タレイランは、ウィーン会議において自国の領土拡張を主張できないような地位にあっただけでなく、ヨーロッパの領土的解決についても発言権を持っていなかった。[91] しかし彼は、そうした制約にもかかわらず、ウィーン会議においてフランスの威信をたかめ、それによって不安定なブルボン家の基礎を固めようとしたのであった。彼がウィーン会議において正統性の原則を唱えたことはあまりにも有名であるが、それは直接に王権を強化する理論的武器であると共に（正統性理論のこの面は次節で述べる）、次の三つの目的を達成してフランスの国家的利益を見事にたかめるものでもあった。彼は、㈠同盟を解体してフランスをヨーロッパ国家体系の完全な一員とすること、[92] ㈡プロシアの強大化を防ぎ――したがって当然ザクセンの維持を願った――ドイツ連邦内のバランスを保持して、そちらからの脅威をなくすること、*㈢ミューラーをナポリ王の地位から退けること[93]――それによって、イタリアにおけるフランスの勢力を少しでも残すこと、を目的としていた。ところが、正統性の原則はそれらすべての達成に役立つものであった。正統性の原則を主張することによって、彼は、㈠フランスに対する同盟を解くこともできたし——フランスは今や正統な王によって統治されているのだから**——、㈡それを国際法の原則——王は同意なくしてその領土を奪われない[94]——に従って強化すればザクセンの併合を妨げることができたのである。しかも、その際彼は会議に対する発言権を与えられない小国——具体的には、それはドイツの中小諸国が多数を占めていた[95]——の感情を利用して、全員会議を開催することを要求すると共に、プロシアのザクセンに対する野心を妨げることができた。そして、㈢ザクセン王国に関する決定によって、いったん正統性の原則に承認を与えたならば、ナポリ王国の運命についても、暗黙の承認をしたことになるのである。[96]このように、自らの目的を簡単な原則に表現することにおいて、タレイランは他の追随を許さなかったのであり、それ故、会議が紛糾してくるに及んで、彼の役割は重要さを増してきたのであった。

* 彼は「会議への王の大使のための訓令」のなかでこの問題を論じている。彼は「プロシアの君主制の体質（**La constitution physique**）がプロシアが野心を持つことを一種の必然とする」と述べて（***Mémoires de Talleyrand*, II, p. 243.** 同じような危惧は、たとえば *Ibid.*, pp. 368–70）プロシアの拡大がフランスの安全に大きな脅威を与えることに注意し、「プロシアがザクセンを併合することは、……プロシアがドイツを絶対的に支配することに向う決定的な措置である」として反対している（*Ibid.*, p. 245）。ついで、「たとえそれを妨げえないとしても、マインツの城塞を与えてはならないし、モーゼルよりも左に進出を許してはならない」と述べ、さらに「ドイツ連邦は完全な組織であってはならない」として、「小国を大国の圧迫から救うこと」を重要な目標としている（*Ibid.*, p. 246）。ドイツ連邦内のバランスは、その後もくり返して強調されていることであるし、またタレイランは、プロシアの国境がフランスのそれと接することがないように努力してそれに成功している（フ

ランスとプロシアが国境を接するようになったのは第二次パリー平和条約の結果である)。

** タレイランが会議の始めに述べた有名な言葉は、この理論を明快に物語っている。「同盟、それはだれに対してのものか? ナポレオンに対してではあるまい――彼はエルバにいる。ルイ十八世に対してでないことは確かである――彼は平和の保障者である」。*Ibid.*, p. 280.

十二月十六日、メッテルニッヒはタレイランに共同行動を申し入れた。[97] これに対してタレイランは、十二月十九日、ザクセンの保全を正統性の原則から主張すると共に、共同行動に同意した。[98] したがって、なお一度の交渉(十二月二十一日)が失敗すると、* メッテルニッヒ、タレイラン、カースルリーは、一月三日、秘密防衛条約を結び、[99] その上に立ってプロシアに対する態度を硬化させたので、プロシアもやむを得ず妥協する意志をみせ始めた。この秘密防衛条約は、ウィーン会議において会議の交渉の一転機を劃することになったものであり、きわめて重要なものであるが、また同時に、それが犯した危険の故に非難されてもいる。しかし、この条約は主としてプロシアを対象にして結ばれたのであって、そのことはポーランド問題をめぐって両者の態度が妥協的になってきていたことからも明らかであろう。そうとすれば、ロシアがザクセンに対するプロシアの要求の故に戦うことは考えられず、オーストリア、フランス、イギリスの三国に加えて、ドイツの中小諸国はほとんどすべてプロシアの拡大に反対であったのだから、[100] 力の関係はまったくプロシアに不利であった。したがって、それは戦争の危険に対処するものではなく、一種の外交的示威であった。そして事実これを転機に、交渉は解決へと展開したのである。

* *B. D.*, p. 268 f., p. 277 f.　この時期になるとプロシアはザクセンを併合することへの反対の強さを知って、ザクセン国王の所領をライン左岸へと移し、その後をプロシア領にするという妥協案を出して来た。しかし、オーストリアとフランスはザクセンの軍事的重要性のゆえに、それを強力なプロシアに与えるよりも、弱小なザクセンがそのまま保有することを選んだし、イギリスはフランスに対する防禦として、弱小なザクセンをライン左岸に移すよりも強力なプロシアを配置することを望んだので、プロシアの申入れに反対したのであった。

第五段階

このようにして、プロシアのザクセン併合は、プロシアの希望にはそわなかったけれども、イギリスは強力な中欧を欲していたし、ツアーもまたプロシアの主張を助けた。したがって、ドイツにおけるプロシアの再建は妥協の上に立つと、かなり容易に進行した。まず、イギリスはライン左岸に強力な国家が位置することを望んでいたので、プロシアがその方面に進出することに賛成であった。(10) ツアーも妥協を望むためにソーンとその近郊をプロシアに譲った。* その他プロシアは、エルベの城塞を含むザクセンの五分の二と、ウエストファリア公国を得て、ほぼ一八〇五年のステータス・クオに復帰したのである。二月六日、カースルリーは、「アルプスからこちらにおける領土的解決は、事実上、そのすべての基本的な面について解決した」と書き送っている。(12)

* ソーン近郊の地図を見れば、ツアーの妥協が明らかであろう。国境線はソーン近郊の町と村のほとんどをプロシアに入れるように引かれている。E. Hertslet, *The Map of Europe by Treaty* (London, 1875), Vol. I, p. 219 参照。

3　連邦主義的解決と部分的均衡

以上の描写から、ウィーンに集った政治家たち――とくにメッテルニッヒとタレイラン――が、ロシアの脅威に対処してヨーロッパの全体的均衡を保つと共に、ドイツ連邦内の均衡に対しても、大きな関心を払ったことが明らかであろう。それはプロシアのなかに、彼らがジャコビニズムの危険を見たからであった。プロシアのザクセン併合を妨げることは彼らの政策の第一の要件であったが、それは未だ彼らの政策のすべてを明らかにはしていない。われわれはドイツ連邦の構成を検討してみなくてはならないのである。

十七世紀から十九世紀後半にかけてのドイツの歴史は、プロシアによって代表される国家的統一の勢力とウエストファリア平和条約が打ち建てた割拠主義との抗争の歴史として捉えることが許されるであろう。ウィーン会議においても、この二つの勢力の抗争は明らかに認められる。しかしこの場合、国家的統一の勢力はきわめて微弱であった。革命が拡めた「憲法」という言葉はどこでも聞かれたが、人々の政治的革新に対する考え方はむしろ浪漫的、情緒的なものであった。[103]たしかに、チルジットの屈辱以来、プロシア国民の間には愛国心が昂揚してきていたが、それは社会的改革によって呼びさまされたというものではなく、ナポレオンに対する反抗精神が生んだものであった。そしてプロシア内部でさえ、強力に国家的統一を推進することには反対があった。[104]

とりとめのない希望を別にすれば、ハプスブルグ家を王にいただくという計画がもっとも有力であったのである。これに対して割拠主義的傾向はきわめて強力であった。[105] 先に述べたように、プロシアのザクセンに対する要求は、ほとんどのドイツ諸国によって反対されたが、その動機は高潔なものではなく、割拠主義に基づくプロシアへの恐怖と嫉妬であった。[106] マインツを、きわめて無能な大公、ダルムシュタットに与えることになったことが彼らの気持を代表しているであろう。[107] ナポレオンの作ったライン連合を復活する考えさえ存在したのである。プロシアの民族主義に対するメッテルニッヒの懸念はすでに述べた通りである。[108] またタレイランも、ドイツ内のジャコビニズムに深い懸念を示し、ジャコビニズムと国家的統一への運動の関係を次のように述べた。

ドイツ国民の統一は、彼ら〔ジャコビニズム――筆者註〕の叫びであり、ドグマであり、狂信の度合いにまでたかめられた宗教である。[109]

こうした見解をとる彼が、プロシアの強大化を妨げ、小国を強国の圧迫から救うことに努力したことは、当然のことであったと言えよう。そしてメッテルニッヒもタレイランも、こうした割拠主義的傾向を巧みに利用する十分な外交的手腕を持っていた。メッテルニッヒは解放戦争における外交において、すでにドイツが連邦として組織されることを確保している。*

* 事実メッテルニッヒは、解放戦争の間の巧みな外交によって、プロシアの覇権の恐れをかなり克服していた。

もっとも重要な一例としてリエ条約がある。一八一三年十月八日、リエにおいてバイエルンとの間に結ばれ、他の同盟国の承認を受けた（秘密条項の十）この条約は、バイエルンに対して完全な主権を約束していた（秘密条項の一）。こうした条約は、他のドイツ諸国との間に数多く結ばれたのであって、強力な中央集権に基づく統一ドイツの希望をくだくものであった。条約文は *D'Angeberg*, pp. 56–63. 同じく、オーストリアとヴュルテンベルグの間のもの、*D'Angeberg*, pp. 63–7.

かくて、当時の情勢からして、ドイツが主権国家から成る連邦として組織されることは必然のことであったが（民族の独立を重んじたカニングさえ、ドイツについては連邦組織をとることを、唱えていた）[10]、その連邦組織のあり方は、将来のドイツの歴史に大きな影響を与えることになるのであった。メッテルニッヒはウィーン会議において、交渉の急所を押え、割拠主義の勢力を巧みに利用した。たとえばメッテルニッヒは、ドイツ連邦への加入をドイツ諸国への招待の形で呼びかけることを提案し、プロシアが言うように加入を強制することに反対したが[11]、それは会議の交渉を混乱させ、強力な統一的ドイツ連邦が作られることを妨げる上で大きな役割を果したのであった。会議は紛糾を重ね、連邦を作るだけがようやく達成されるというありさまとなった。疲労と無関心の雰囲気の中で得られた結果は、「ゆるやかな外交的同盟」となったのである[12]。十一の大国と六つの単位に分れた小国から成る連邦議会（diète fédérative）においても、三十九国から成る総会（assemblée générale）においても、小国に不釣合な力が与えられた*。とくに、連邦の構成に関する決議が満場一致を必要としたことは、国家的統一の方向とは著しく反するものであった。[13]軍隊は連邦軍としては作られなかったけれども、各国は相互の間の戦争を放棄したから、相互の争いが内乱になる危険はなかった。そして外交関係についても、各国は独立して条約を結ぶことができたけれども、連邦またはその組成国に敵する国と同盟を結ぶことは許されず、連邦全体としての戦闘行為が宣言されたならば、各国の個別的交渉は禁止されたから、外国から策動を受ける余地は少なかった。[14]すなわちそれは、外敵の侵入に対して守り得るには充分強く、外に侵略するには弱い組織であった。[15]またそれは、オーストリアに、外交的手段による指導権を与えるものでもあった。こうして、国家的統一の方向とは反するものであったが、その犠牲において、安定した、平和なドイツ連邦が構成されたのであった。

* 連邦議会の十七票のうち、プロシアとオーストリアは他の諸国と同じく一票を持つにすぎなかったし（ドイツ連邦憲法第四条、*D'Angeberg*, p. 1377. ウィーン会議最終議定書第五十六条、*Ibid.*, p. 1411）、総会においても全六十九票のうち、それぞれ四票ずつを持つにすぎなかった（憲法第六条、*Ibid.*, p. 1379. ウィーン会議最終議定書第五十八条、*Ibid.*, p. 1412）。

ドイツ連邦におけるメッテルニッヒの行動を導いたのと同じ原理が、オーストリアのイタリア支配についても認められる。オーストリアは、イタリア半島の支配者となることに努力したが、[16]しかし、そのすべてを自国の領土にすることは決して欲しなかった。血縁関係によってつながれた君主たちをそこに配置し、それが構成するバランスの上に君臨することが、オーストリアの政策となったのである。タレイランは「会議への王の大使のための訓令」のなかで、「オーストリアにイタリアのすべてを与えることは、イタリアに独立を与えることであり、したがってイタリアがオーストリアの支配から離脱することを意味する。〔その方法によれば〕オーストリアは結局それを失うためにそれを得ることになるのである」と述べ、そこにバランスを打ち建てるという手段のみが、「失うことなしにそれを所有する」方法であると結論しているが、[17]この議論はメッテルニッヒの考慮を代弁しているものと考えてよい。

以上の検討から、ウィーン会議を支配した勢力均衡原則の第二の局面が明らかである。彼らは、ヨーロッパの全体的均衡に留意すると共に、その均衡を構成する部分的均衡に注意を払うことを忘れなかった。タレイランが指摘したように、「ヨーロッパの全体的均衡は単一の要素から構成されるものではない。それは部分的均衡の体系以外のものではあり得ない」[18]のであるから、こうした部分的均衡に対する彼らの注意は、ヨーロッパの全体的均衡をきわめて安定にしたものとして注意されなくてはならない。しかし、彼らの部分的均衡に対する態度をさらに検討するとき、彼らの均衡概念の特徴が、ただ全体的均衡と部分的均衡の関係を正しく捉えていたことには留まらないのが明らかであろう。そこには、ジャコビニズムの恐怖が彼らに与えた大きな影響を認めることができるのである。ヨーロッパの全体的均衡において彼らが注意したことは、ロシアとフランスに対するバランスの作製ということであった。これに対してドイツとイタリアという部分的均衡において彼らが注意したことは、あまりに強力な統一がそこに生ずるならば、そこに成立しているステータス・クオが到底守り得ないものとなることであった。その際彼らは、国家的統一を目指す勢力の持っているジャコビニズム的傾向をきわめて警戒した。それはタレイランの言葉から明らかである。こうして、イタリアとドイツにわずかながらも存在した国家的統一の勢力は、ステータス・クオを破壊する勢力として捉えられ、その故に葬り去られたのであった。ここに、ウィーン会議を支配した勢力均衡原則の大きな特徴がある。それは、ジャコビニズムへの考慮を含んだものであった。彼らの均衡概念は、ただ単に国際社会を構成する各国の間の勢力均衡を意味するものではなくて、ジャコビニズムに対処する枠組を与えるものでもあった。

4 「ヨーロッパ」の理念

ナポレオン戦争後のヨーロッパの均衡はこのようにして作られた。その目的は、第一次的には、フランスに対して安全保障を得ることであったが、ウィーンに集った政治家たちは、それと共に、十八世紀の間に準備されてきた二つの問題を扱わなくてはならなかった。ロシアは十八世紀の間に膨張をつづけ、ポーランドの分割によってオーストリアおよびプロシアと直接に交渉を持つようになっていた。それは東ヨーロッパにおけるバランスの作製によって解決されていたが、ロシアのナポレオン戦争における勝利は、ロシアを完全なヨーロッパ国家組織の一員とした。したがって、ロシアの西進によって生じたバランスの再調整の問題は、ヨーロッパの主要バランスという平面で解かれなければならなかったのである。他方、十八世紀の中葉におけるブランデンブルグ・プロシアの台頭は、ドイツにおけるオーストリアの覇権をくつがえした。そこには、オーストリアとプロシアの間の対抗関係とバランスが成立していた。しかし、ロシアの西方進出はオーストリアとプロシアの関係をそのままにしておくことを不可能にした。そしてまた、そこには、スタイン、ハルデンベルグの改革によって強化されたプロシアをどのように扱うべきかという問題がからまっていた。たとえ微弱なものであったにしても、その民族主義——不幸にもそれは、ただ危険なものとして考えられたのであったが——も、考察の対象となった。ドイツ連邦と並んで、イタリアという部分的バランスも、注意深く扱われなければならない問題であった。

このような問題を、ウィーンに集った政治家たちは、勢力均衡原則に従って解いた。その場合、彼らの原則は二重の意味で彼らを指導した。まず、彼らはヨーロッパの全体的均衡を考慮し、その結果、フランスとロシアの間に強力な中欧を作るという解答を与えた。それはまったく自然な解決であり、たとえ小さな問題をめぐってプロシアとオーストリアが対立したとしても、この両国が協力しなければならない地位に置かれている以上、その関係が根本的に変るはずがなかった。プロシアはドイツ連邦内において強力となり、特に北ドイツと西ドイツにおいて領土を拡げた。オーストリアはネザーランドを放棄し、バイエルンの周辺に点在していた領土に対しても権利を主張しなかったから、ドイツ連邦からは一歩後退することになったけれども、それはオーストリアが望むところであった。オーストリアは、ドイツ皇帝の王冠を辞退したように、ドイツ連邦に対して、あまりに深い関係を持つことを欲しなかった。それは、「ゆるやかな外交的同盟」において割拠主義的傾向の強い中小諸国の保護者となることによって、いわば外交的に、ドイツ連邦を指導することを選んだのであった。こうした手段によって、ドイツ連邦は、秀れてステータス・クオを代表する勢力となったのである。イタリアに対しても、オーストリアは同じ原則に立って行動し、そのステータス・クオを維持しようとした。このように、彼らは部分的バランスについても注意したが、その際にジャコビニズムの恐怖という要因が影響したことは明らかである。

ウィーンの政治家たちは、勢力均衡原則に従って行為したが、彼らの間には「均衡」の異なった概念から生ずる意見の相違があったし、それは交渉を困難ならしめた。しかしまた、先に述べた交渉の経過からも明らかなように、そこには一つのコンセンサスがあったことにも注意しないわけにはいかない。ツアーが結局妥協するようになったのも、ヨーロッパの再建が彼の心にとってより重要であったからである。同じように、イギリスも既成事実としてヨーロッパの国家体系の中に入っていたが、そこにおける地位を重要視して次のように述べた。

私は、かくも多くのオランダ植民地の主権を獲得することについて、依然として大きな疑いを感じている。私は確信するが、このようにして得られるものよりも、大陸におけるわれわれの評判の方が、力、影響力、信頼などを与えるものとしてより実質的な要因である。(119)

さらに、プロシアの政治家たちがザクセン問題について大きなジレンマに陥った末、結局その自然の国家体系の側についた事もすでに述べた。フンボルトは、ザクセンに対する自国の要求が次第に望みの薄いものになりつつあったとき、オーストリアの誠意に疑惑を感じながら、次のように述べた。

もしポーランド問題においてわれわれがオーストリアと手をたずさえて進むならば、プロシアの真実かつ永久的な利益を、純粋に一時的な便宜のために犠牲にしているのではないだろうかという疑いが起こってくるのは、率直に認めなくてはならない。だがその場合、プロシアはヨーロッパの利益のためにその個別的利益を犠牲にするのだと考えられるべきである。プロシアは、常に主義に従って行動しなければならないのであり、単なる便宜を求めてはならない。[120]

先に、ナポレオン戦争が終りに近づきつつあったとき、「ヨーロッパ」という言葉がしばしば用いられたことに注意しておいた。ウィーン会議においても、それは政治家たちの間に一つの紐帯となったのであるが、それは以上の描写から明らかであろう。この「ヨーロッパ」という概念は、単なる力の釣合いだけでもなく、また単に道徳的、文化的な紐帯でもない。それは、この二つを融合した概念であった。したがって、力の関係からしてもそれに従うことが必要であったし、同様に、政治家の良心もそれによって制約を受けたのであった。[121]

ウィーン会議がスイス連邦について永世中立を承認し、すべての国がそれを保証することになったのも、「ヨーロッパ」という国際社会が、はっきりとした形をとりつつあったことを示す点において重要である。永世中立という制度はこれによってはじめて国際法上の確立された規則となったが、[12] この制度自体、すでに国際社会のかなりの発展を前提とするものなのであった。やがてこの制度が一八三〇年のベルギーをめぐる紛争において解決を与えることになったのを考えるならば、この制度を過小評価することはできないのである。[13]

さらに、ウィーン会議は、ライン、ネッカール、マイン、モーゼル、ミューズ、エスコーの各河川を国際河川として、種々の航行規則を定めた。河川の国際化もまた、他の制度と同じく必要の生んだものであって、それはライン河やエスコー河等において次第に発達してきていた。ライン河については一八〇四年に航行規則が定められている。しかし、ウィーン会議は航行自由の原則としてそれを承認し、「諸国家間の交通の便宜を図り、諸国家間の疎通を図るため、上に述べられた規定がどういう方法で他の河川にも拡大されることができるか」を検討し、決定したのであった。[14] こうして、国際河川の制度は確立されたのであって、それは一八一八年には、エルスフレス (Elsfleth) 河、一八一二年にはエルベ河、一八二三年にはウェーゼル河へと次第に拡大されて行くのである。

また、外交交渉の手続き上の問題も、そのためにとくに作られた委員会によって検討され、十八世紀において見られた不必要な摩擦がそれによって避けられることになった。外交使節の会議における地位や順位が定められ、外交交渉を規則立ったものにすることになったが、それはイタリアに発生した外交使節が次第に発達して、十八世紀には確立した制度にまでなっていたのを確定したということができよう。国家間の日常の交渉は、もはや必要欠くべからざることとなっていたのである。[125]

近代ヨーロッパ社会は、十五世紀から十六世紀にかけて作られ始めた。中世の「神の秩序」は崩れ去り、そこには地域的主権国家が並立することになった。諸国家は、自己の上に優越する力を認めなかったから、そうした社会においては、国家は、「隣国の意図を知り、敵対心を見抜き、彼の敵と同盟し、彼の友をこっそりと味方につけ、彼が仲間を作らないようにすること……を最高の関心事」[126]とすることになった。ウェストファリアの平和は、新教と旧教、王朝と王朝、国と国の間に妥協を成立させ、そこに一種の均衡を作製することによって平和を達成したが、それはこうした状況においては、ただ一つの可能な方法であった。しかし、それ以来、ヨーロッパの国際社会はたえまなく発展を遂げた。とくに、ルイ十四世の下におけるフランスの文化は、ルイ十四世の剣がなしとげられなかった程度にまで、ヨーロッパを同一化することに成功した。経済的な交流の増加も、ヨーロッパの統一をたかめた。かくて十八世紀の後半のヨーロッパは、国際法学者ヴァッテルの言葉を借りるならば、もはや「昔のように、他の運命に関係があるなどとはほとんど考えていなかった国から成る、ばらばらの端切れの寄集めではない」のであった。「ヨーロッパは一個の政治的組織を形成している」のであり、「主権者たちの関心はヨーロッパを一種の連邦としており、そのメンバーは、独立こそしているが、共通の利益という紐帯を通して秩序と自由のために結合している」のであった。(17)

もちろんわれわれは、十八世紀後半のヨーロッパに作られつつあった統一への傾向と共に、近代ヨーロッパ社会に内在するもう一つの傾向、諸国間の絶えざる争いにも注意しなくてはならない。フランス革命の前夜、ヨーロッパの諸国家は文化的な同一性にもかかわらず、その国家利益を追求して争いつづけた。(18)ポーランドの分割は、そのもっとも悲しい例なのである。そして、フランス革命が旧い王たちに対して勝利を占め、ナポレオンが大いなる征服を達成することができたのも、このようにして諸国家の間に対立があり、したがって疑惑と嫉妬が存在したからなのであった。だが二十年を越える混乱の末、彼らがようやく秩序を回復する機会を得たとき、彼らにとって十八世紀後半のヨーロッパ社会は、すばらしいものであったように思われた。彼らは、なによりも確固たる秩序を打ち建てなければならなかったが、その場合、十八世紀後半に発達してきたヨーロッパ社会の統一以外に、秩序の中核になるものはなかったのである。かくて彼らの意識において、十八世紀後半のヨーロッパ社会に存在した対立と抗争の面は忘れられ、その秩序と統一の面のみが強調されることになったのである。

こうしてウィーン会議はヨーロッパの統一を新たに確認することによって秩序を回復した。その業績は決して新しいものではなく、また独創的なものでもなかった。それは、ある意味では、危機の度毎に現われて来るあの「ヨーロッパ」の強調の一つに過ぎなかった。「ヨーロッパ」は三十年戦争の後にも強調されたし、第二次大戦後の今も強調されている。しかし、こうした「ヨーロッパ」の強調という行為の共通性と共に、その相互に存在する相違にも注目しなくてはならない。たとえ、それが危機に立たされた秩序の側の努力という性格において他の「ヨーロッパ」と同一であったとしても、この場合、それが近代ヨーロッパ国家体系の発展と相まって、いくつかある「ヨーロッパ」のなかで最大の波となったことは疑いない。それは、十八世紀を通じて発達してきていた近代ヨーロッパ国家体系を、ヨーロッパのすべての国が当事国である条約によって確立することによって、いわば「ヨーロッパ」を作ったのであった。

だがそれは、いかなる性質のヨーロッパであったか。どの程度の紐帯を与えたのか。どのような結果を生ずることになったのか。われわれはこうした問題を具体的に検討しなければならない。それは、ウィーン体制における安全保障の問題の検討によって、明らかになるであろう。

三　ウィーン体制の保障

1　全般的保障の試み

ウィーン会議における第一の課題は平和の獲得であった。二十年を越える混乱の後にようやく訪れた平和が、人々にいかに喜び迎えられたかを、ヴェイルは次のように描写している。

四同盟国の大臣たちは、彼らの間ですべてを決定することを望んだ……。しかし、会議の発表は一つの大きな情熱をかき立てた……。マルタの騎士団からドイツのユダヤ人に至るまで、請願すべき何ものかを持つすべての集団が、ウィーンにその代表を送った。……そして、種々の地方から集った多くの人々は、会議に対して、漠然とした、ほとんど神秘的とさえいえるような希望を抱いていた。彼らはこの大会議が戦いの二十年間によって荒廃したヨーロッパに対して、確固たる平和を与えるであろうと考えたのである。[129]

ナポレオン戦争は、かつてないほどの鋭さをもって、安全保障の問題に脚光を浴びせかけていた。先に述べたスイスの永世中立も、こうした文脈において考えるべきことがらである。十八世紀の末、中立制度はむしろ退潮を示していたし、永世中立の考えも、たとえ存在したとしても微弱な力しか持っていなかった。それにもかかわらず、アメリカ合衆国の中立宣言以来、中立という制度が急に脚光を浴びたのは、ナポレオン戦争という大きな嵐のなかに巻き込まれた弱小国にとって、生存そのものが、きわめて切実な問題となってきていたからである。[130]かくて、ナポレオン戦争の厳しい現実が、大国に対しても、できるだけ紛争を避けるべきことを教えたとき、中立によって自国の生存を保障しようという小国の希望が容れられたのであった。スイスの領土について ヨーロッパの全強国が共同で保障を与えようという動きは、ナポレオン戦争中の同盟国の文書に現われているが、[31] そうすることによって彼らは、この戦略的地点をめぐって、紛争が起ることを防ごうとしたのであった。今や、平和の保障が一国だけの問題でもなければ、また、単に勢力均衡政策の自然の帰結に委ねておくべきことでもないことは、当時の政治家によって、はっきりと認識されていたのである。

こうした事情から、ウィーン会議においては、それが打ち建てた体制をいかにして保障するかが大きな課題となった。その第一の試みは、会議で得られた領土的解決に、締約国すべてが共同で保障を与えることであった。新しい領土的解決を「保障」するということ自体は新しいことではなく、しばしば行われ、そしてしばしば破られてきた。ウィーン会議においてなされた試みの新しさは、全ヨーロッパにわたる領土的解決をヨーロッパのすべての国によって保障しようというところにあった。[32] それは会議の終りにあたって、「同意された解決を支持し、大陸の平和を乱すことを最初に試みる国家に対して、もし必要あらば共同の武力をもってしても……それを維持する」ことを、「ヨーロッパの強国の間の一般的合意および保障」として宣言するという形をとるものであった。それは直ちに各国の同意を得、ゲンツが草案を作製することになった。[33] しかし、こうした各国の原則的同意にもかかわらず、全般的保障の計画は、結局失敗することになったのである。その理由はバルカン半島にあった。

ウィーン会議はバルカン半島におけるバランスの問題を直接には扱わなかったが、それは、ヨーロッパ諸国の利害が大きく対立する舞台となっていた。なぜなら、第二節で明らかにしたように、ロシアの恐怖は十九世紀前半の国際関係に影響する強力な要因であった。ポーランド問題は妥協によって解決されていたが、ロシアの恐怖がそれによって拭い去られていたわけではなかった。したがって、カースルリーと、とくにメッテルニッヒが、オットマン帝国をこの全般的保障のなかに含めようとしたのは当然のことであったと言えよう。これに対してツァーは反対はしなかったが、同時にトルコとロシアの間のすべての主要な紛争が解決されることを前提条件とした。ツァーは解決のためにオーストリア、フランス、イギリスの仲介を承諾したので、三国はトルコに働きかけた。しかしトルコはこの仲介に応じなかったのであり、結局このトルコの頑迷さが全般的保障の計画を失敗に終らせることになったのであった。[13]

こうしてバルカン半島のバランスは、ウィーン体制における一つの弱点となった。バルカン半島のバランスは、すでにヨーロッパのそれと切り離されたものではなくなっていた。それは半ばヨーロッパ的、半ば非ヨーロッパ的な性格を持っていたと言えよう。ウィーン会議はバルカン半島におけるバランスの問題を扱わなかった。* しかし、それはヨーロッパの各国に対する影響において、すでにヨーロッパの外のことがらではなくなっていた。かくて、それはウィーン会議の領土的解決の一つの盲点を構成することになったのである。

* ナポレオン戦争後の領土的解決の範囲は、第一次パリー平和条約の審議に際して第一の議題となった。そして、バルカンと新大陸についても、それを領土的解決の範囲のなかに含めることが一応論議されたが、結局それを除外し、旧来からのヨーロッパに限ることにしたのである。バルカンについてはツァーがその除外を主張し

（彼のこの立場は一八〇四年のノヴォジルゾフへの教書においてすでに明らかである）、新大陸についてはイギリスがその除外を唱えたことは、一八一五年以後の歴史を考えると、きわめて興味深いものがある。W. A. Phillips, *op. cit.*, pp. 84-6.

しかし、以上の経過において、ウィーンに集った政治家たちの保障への意図のみを強調し、したがって団結の面にのみ注目するのは誤っている。なるほど、全般的保障の計画はオットマン帝国の頑迷さによって失敗し、ヨーロッパ諸国の側には失敗の理由がなかったように思われる。カースルリーやツァーがこの計画をきわめて重要なものと考えていたことは疑いないし、彼らの誠意についても、それを認めてもよいように思われる。カースルリーは、ウィーンを発つ寸前までその努力をつづけたし――しかも彼は二月六日にドイツの再建が完了するや否や、この問題にかかっている⑬――、ツァーはこの保障がオットマン帝国との関係にまで拡大されることに対して一応は難色を示したが、オットマン帝国との係争問題が解決されるべきことを条件にして、それに同意したのであった。彼がただ口先だけの同意をしたのでないことは、彼がオットマン帝国との係争問題について三国の仲介を認めたことからも明らかである。

しかし、われわれが全般的保障の計画をより詳しく調べるならば、われわれは同盟国の統一が決して完全なものではなかったことを見出すのである。容易に理解されうるように、安全保障の問題は同盟の問題と密接に結びついている。そして、この全般的保障の宣言という計画も、安全保障を求める一つの試みとして、同盟の問題と無関係ではなかったのであった。

カースルリーは、この全般的保障の共同宣言が、「ヨーロッパの現在の情勢において構成されることができる最善の同盟」であると考えたが、その理由を彼は、こうすれば、「現在、排他的同盟のいかなるものにも訴えることなく」保障を与えることができるからであると述べている。[136]ウィーン会議の領土的解決が終了しつつあったとき、安全保障を求める各国は、同盟についてさまざまの異なった計画をいだいていた。カースルリーが全般的保障の共同宣言を行おうとしたのは、この相違を表面化させないで、ウィーン会議の成果に保障を与えることを欲したからであった。

各国の安全保障に対する要求が切実なものであったことは疑いない。先に述べたように、今や、平和の保障が一国だけの問題でないことは、はっきりと認識されていたからである。しかし、それをどのような形で達成するかについては、各国の意図は必ずしも同一ではなかったのであった。なぜなら、安全保障の達成とは、決して抽象的、原則的な問題に留まるものではなく、具体的な問題でもあるからである。安全保障を達成し、平和を確保したいという点では一致していても、どのようにしてそれを行うかについては意見が分れていたのである。それはショーモン条約に対する各国の態度について明らかであろう。

ショーモン条約は、ナポレオン戦争の最終段階に際して、二十年という長い期間をもって結ばれていた。しかし、それは先に述べたように、ナポレオンを打倒することが未だ定っていなかったときに作られたものであったから、ブルボン家がフランスに復活すると、その規定は論理的なジレンマに苦しむことになっていたのである。タレイランが指摘したように、「それは誰に対しての同盟」であったのだろうか？　しかも、一八一五年の初頭にオーストリア・フランス・イギリスの間に秘密同盟条約が結ばれたことによって、事態はさらに複雑になっていた。したがって、それがウィーン会議の成果に対して保障を与えうるためには、少なくとも更新される必要があった。しかし、判然と更新を望んでいたのは、ツアーだけであった。理想主義者としてヨーロッパ再建の理想に燃える彼は、「全面的平和という成果が、彼らの軍隊の成功を保証したものと同一の基礎〔ショーモン同盟――筆者註〕の上に立つこと」を欲したのであった。[137] しかし、ことはオーストリアの場合には多少異なっていた。メッテルニッヒがロシアを非常に警戒したことは、第一節において注意しておいた。ウィーン会議の交渉は、彼にかなりの満足を与えていたが、ロシアの恐怖を完全に拭い去るものでもなかった。したがって彼は、ショーモン同盟よりも一月三日の秘密条約の更新を望んだのである。[138] タレイランもまた、異なった理由から同一の同盟を欲していた。フランスがヨーロッパにおいて孤立することがないように、ショーモン同盟を分裂させることがウィーン会議における彼の外交の目的の一つであったことは、すでに述べた。したがって、一月三日の同盟は、フランスを孤立から救ったものとして、きわめて価値あるものであった。かくて彼は、一月三日の同盟が更新されることを望んでいたのである。[139]

　これに対してカースルリーは、「排他的な同盟」がもたらす害への注意を示していた。[140]「彼は、なににもまして、他の諸国に疑惑を与えることを嫌った」[11]のであった。イギリスは、その地理的条件の故に、より理想的な形で安全保障の問題を追求することができたので、ヨーロッパの統一を保持するという方向に、安全保障を求めようとした。ロシアの脅威に対する彼の対策の一つが、ツァーを「一本立ちで行動させないこと」であったことはすでに述べたが、それはロシアに対立する勢力を作るよりもむしろ、ロシアをヨーロッパの統一のなかに置くことによって、その脅威に対処しようとしたものとして注目されなくてはならない。安全保障の問題をヨーロッパの全体的見地から扱うというのが、すべてを通ずる彼の態度であったのである。それ故にカースルリーは、領土的解決を保障する宣言という形によって、各国の間の意図の相違を表面化することなく、ウィーン会議の成果に保障を与えようとしたのであった。同盟に関する意見の相違にもかかわらず、他の諸国の間にも、ヨーロッパの統一を尊重する気運があった。それは、各国がカースルリーの提案に対して示した賛成から明らかである。各国の大臣たちは、「排他的な同盟に対して反対が唱えられたとき、まったく妥当な態度」を示したのであった。[12]

したがってこの場合、われわれは二つの相反する要因に注目しなくてはならない。一方には、ヨーロッパの各国に共通のコンセンサスがあった。それは全般的保障の計画が原則として認められていたことによって明らかであろう。しかしその反面、同盟に対する態度によって明らかなように、各国はそれぞれ特殊の利害関係を持っていたのである。この二つの要因の交錯は、ツァーの場合にもっとも明白であろう。彼はショーモン同盟の更新を望んでいたように、もっとも理想主義的にヨーロッパの統一の達成を欲していた。トルコの頑迷さによって全般的保障の計画が失敗したあと、彼はこの案をなんとかして生かそうとしている。しかしまた、ウィーン会議の成果を一つの大きな条約にまとめること――それによって、すべての国がウィーン会議の成果のすべての部分について当事国となり、したがってすべての国がウィーン会議の成果に対してある程度の保障を与えることを意図したもの――に対して、ロシア代表がかなりの反対を示したことも注意されるのである。この場合も、ツアーの心のなかには、他の諸国への猜疑心と自国の国家利益への考慮が、ヨーロッパへの夢と激しく交錯していたのであった。(143)

ウィーン会議は、勢力均衡原則に基づいて各国間の利害の対立に妥協的解決を与え、したがって各国に相対的な満足を与えていた。ウィーン会議の打ち建てた利害の妥協点（modus vivendi）は、彼らの間の一つのコンセンザスとなったのである。しかし、相対的な満足の反面、それは相対的な不満足をも与えていた。各国の間には、利害の対立もまた存在したのである。安全保障の達成という問題の検討は、この二面性を明らかにしてくれたのである。また、ヨーロッパの統一という理念も一つのコンセンザスとなっていた。しかしそれは、安全保障の問題について、なんらかの具体的な措置をとらすほど決定的なものであったとは思われない。それは、より具体的で、より直接的な要因によって、さらに強められることが必要であったように思われるのである。

以上の考察は、全般的保障の計画がトルコの頑迷によって失敗したあと、ウィーン会議の成果への保障がどのような形をとることになったかという問題に対しても、大きな示唆を与えている。

すなわちそれは、統一をもたらすコンセンザスと、それに対する各国の利害の特殊性から考えて、安全保障を達成するために、同盟の更新といった具体的な措置がとられるためには、なにか決定的な要因が必要であったことを示している。かくて、ジャコビニズムの恐怖という要因が問題になってくるのである。ジャコビニズムの恐怖は、同盟を更新させる決定的な要因とならなかったであろうか？　革命とジャコビニズムへの恐怖は、すでに指摘されて来たように、同盟国の政治家たちの行動を強く支配する要因であった。それはこの安全保障の問題に対して、いかなる影響力を示したであろうか？

2　戦後処理を結実させたもの

すべての戦後処理は、戦前からの連続性と共に事態の変化故の非連続性とを持つ。ウィーン会議について言えば、そこでは、十八世紀後半のヨーロッパにおいて発展してきていた統一が、力と道義の両平面において強力な紐帯として作用した。それ故、ウィーン会議の成果は、こうして十八世紀後半に発達してきていたヨーロッパを確立したものとして捉えることができる。それはいわば、ウィーン会議における十八世紀からの連続性の面であった。しかし、ウィーン会議をこの面からだけ捉えることは誤りであろう。それはあくまでも、フランス革命という衝撃に対する解答であった。彼らに、国際社会の秩序を――革命前の秩序に基づいて――確認するようにさせたものは、フランス革命とそれに始まる二十数年の混乱であった。彼らが、自らのイニシアティヴによってヨーロッパに秩序を与える機会を得たとき、彼らは彼らの知っている世界を復興しようとした。それが彼らの解答であったのだ。それは彼らにとって、もっとも確かなものであった。しかし、こういうことによって、ウィーン会議の交渉が復古という原則や、正統性という原則に従って営まれたというのは正しくない。先に述べたように、パリーに始まる雰囲気からして、旧い諸権利が復活したことは当然であった。しかし、それはそうすることが便宜であったからであって、正統性の原則が忠実に守られたという跡は見られないのである。スイスにおいてベルンの要求は容れられなかったし、*ドイツにおいて廃止された小国は復活されなかった。イタリアのトスカニーについても、原則よりもオーストリアとの血縁関係が優先した。[44] ザクセンをめぐる交渉の描写からも明らかなように、たとえ正統性の原則が語られなかったとしても、結果は変らなかったであろう。そしてこのことはウィーン会議の領土的解決一般について語り得るところであった。

* スイスは永世中立についても、自己を強く主張することによって、保障を獲得したが、同じように国内の憲法についても、反革命に抵抗し、フランス革命の成果を守りつづけた。一八〇三年、スイスはナポレオンの仲介の下に、いくつかの民主的改革を成しとげた。そのなかには、バイアージュ（baillages 君主に対してのみ責任をとる軍事法廷）の廃止、ヴォー（Vaud）とアルガウ（Argau）の両郡の「解放」、ベルンなどいくつかの郡の民主化、があった。一八一四年に、同盟軍がスイスに入ると、以前の貴族たちは、これに力を得て旧政権の復活を要求した。これに対して十九の郡が一八一四年九月八日、同盟を結び、連邦制度の概要を定めるとと

もに、一八〇三年の改革を承認したことが（*D' Angeberg*, pp. 238–43）、反革命を失敗せしめたのである。連邦議会は同じく十二日、ヴァロア、ニューシャテル、ジュネーブの三郡を新たに同盟に加えることを宣言したが、こうした一連の動きに対して、スイス内のすべての分子が賛成であったわけではない。ベルンはアルガウの返還を要求して、それがベルンから強制的に取り去られたものであることを主張した。しかし、同盟国は、それがすでにスイス内で認められ、確固たる地位を得ていることを考えて、ベルンの主張をとり上げなかった。ウィーン会議はベールの一部をベルンに与えることでその代償にしたのであった（この問題に対する四国の意見は *D' Angeberg*, p. 430, p. 434, p. 435. に掲載されている）。なお、Milovanowitch, *op. cit.*, pp. 145–53 ; G. Ferrero, *op. cit.*, pp. 208–16.

しかも「正統性の原則」の持つ意味は無視しえない。それは、ウィーン会議の交渉を支配するものではなかったが、ヨーロッパに、その結果を維持する理論を与えた。そしてこのことは、ウィーン会議がフランス革命という衝撃に対する解答であったということを考えるなら、きわめて重要な意味を持つことがあきらかであろう。ヨーロッパは、タレイランがザクセンについて正統性の原則を強く主張したとき、それに賛意を表したが、それはその原則が革命と戦ってきた君主たちの気持に強く訴えるものであったからである。それは彼らの心のなかにあった意識を、一つのまとまった主張の形で表現したものであったが故に、大きな支持を得たのである。タレイランは正統性を有する王を復活することがフランスに平和を与える最善の手段であると信じていた。彼は同盟軍がナポレオンを打倒しつつあったとき考えていた。

まったく奇妙にも、共同の危険が終りに近づきつつあるとき、人々が戦っているのは簒奪の理論に対してではなくて、それを用いる最善の幸運を持った人に対してなのである。……人々は原因よりもむしろ結果によって印象づけられている。[145]

そして彼は、ヨーロッパに戦乱をもたらした原因が、ナポレオンという個人にではなく、簒奪の理論自体にあることを指摘したあとで述べた。

ヨーロッパのもっとも緊急の必要と最大の関心は、したがって、簒奪の理論を捨て去り、正統性の原則を復活することである。[146]

こうしてタレイランは、ウィーン会議において、ブルボン王朝の権威を高め正統性の原則を説くすべての機会を捉えようとした。そうすることによってフランスの国家利益を図ることができたことも、彼をして正統性の原則をかかげさせた理由であることはすでに述べた。しかし、彼はそうすることによって、正統性の原則を大いに強調することになったのである。

そしてそれは当時のヨーロッパにおいてジャコビニズムが与えつつあった恐怖を考えるとき、明らかに大きな意味を持つものであった。彼だけでなく他の人々もこうした問題に対して関心を示していた。カースルリーはパリーから、ジェノアで共和国を設立しようと努力していたベンティックに向けて書いた。

ヨーロッパにおいて大いなる精神的変化が起こりつつあるのを知覚しないことは不可能であるし、同様に自由の原則も充分に作用している。しかし、危険なことは次のこと、すなわち、変化があまりに急激になされるならば、その結果は世界をよりよくするとか、より幸福にするとかいうものとは程遠いものになってしまうかも知れない、ということである。われわれは、フランス、スペイン、オランダそしてシシリーにおいて新しい憲法を布き始めた。これ以上の試みを行う前に、その成果を見ようではないか。[147]

彼は、フランスに対抗するためには、それに対抗する国々の人民の力が必要であることを知っていたが、[148]同時にまた、人民の力を無制限に認めることが、国内態勢を混乱させる危険を持つものであることも見逃していなかった。彼にとって人民の力とは、「フランスに対するものであるかも知れないが、同様にオーストリアとサルディニア王に向けられる」ものでもあったのである。[149]

この態度はオーストリア皇帝についてはより明白である。すでにオーストリア皇帝フランツは、イタリアにおいて憲法を施行しないという意志を表明していたが、ミューラーを破ってフェルディナンドをナポリ王に復興させたとき、彼は憲法を施行しないという条項を、フェルディナンドとの間に一八一五年六月二日に結ばれた秘密条約のなかに入れさせている。[150]

少なくとも、憲法を与えることを、彼らは非常な警戒の目でみていたことは間違いない。それはジャコビニズムがフランス革命において示したあの恐怖、それが国民的蜂起という形で示したあのエネルギーを考えるとき、むしろ自然のことであっただろう。しかも、このジャコビニズムの恐怖は、当時においてもっとも強力な要因であった戦争の恐怖と結びつくものであった。「革命は専制を生み、専制は全面戦争を招き、全面戦争は旧制度の没落と無政府状態へと導く」[151]という図式が、当時の政治家たちの思考を支配していた固定観念であったと考えられる。したがって、ジャコビニズムとは、つまりすべての破壊の根源と考えられたのである。こう考えてくると、正統性の原則が持つことになった大きな意味は理解されるであろう。それは、いわば反ジャコビニズムと戦争の恐怖を水面下に持つ大きな氷山としてたとえることができる。それは革命に対する貴族の側のイデオロギーであった。アルツが述べているように、十九世紀の貴族たちの社会的地位は十八世紀のそれと変らなかったけれども、その気質は大いに変ったのであった。「啓蒙時代のサロンを特徴づけた軽薄さとウィットと大胆な考えへの愛着は、敬神と革新への恐れですっかり変えられてしまった」のである。* 正統性の原則はそうした彼らのイデオロギーなのであった。

* 歴史家アルツは、ウィーン体制における貴族の典型的なタイプを、『パルムの僧院』の主人公、ファブリスに求めている。**F. B. Artz, *op. cit.*, p. 9.**

しかしまた、ウィーン会議の時期において、正統性の原則が持っていた意味をあまりに大きく強調しないようにする必要がある。たしかに、それは同盟の統一をもたらす強力な要因であった。しかし、そのことの故に、ウィーン会議において反ジャコビニズムの同盟が成立したと考えるのはあまりに性急である。第三節1項の終りにおいて、ウィーン会議における統一が種々の要因の複雑な相互作用として捉えられること、それがなんらかの具体的な形をとるためには、決定的な要因が必要であったことを指摘しておいた。そしてこの場合、ジャコビニズムの要因は、たしかに強力な要因ではあったが、同盟をそれだけで更新させるものであったとは思われないのである。

一つには、ウィーン会議において彼らがジャコビニズムの恐怖故に払った考慮の中心は、部分的バランスの作成にあった。第二節で述べたように、「均衡」の作製にあたって、ウィーンに集った政治家たちは、ジャコビニズムに対しても考慮を払い、ドイツ連邦やイタリアにおいて、ジャコビニズムに対処することができるような部分的バランスを作り上げた。しかしこの場合、彼らの対策は、「均衡」という次元においてなされていた。彼らの政策においては、勢力均衡原則が前景にあり、ジャコビニズムの恐怖という要因は、いかに強力なものであっても、背景をなすにとどまったのである。

第二に、この部分的バランスの作成という対策は、ヨーロッパ大の同盟によってジャコビニズムに対処するという方向とは、むしろ相反するものと考えられる。それは、やがてジャコビニズムの脅威がより直接で、より重大なものになったときにさえ、同盟全体として軍隊が行動するのを各国が欲しなかったことからも明らかであろう。* それは、他国の発言権を増すことであり、その故に好まれなかった。彼らはジャコビニズムに対して、自国の力だけで対処することを好んだのである。部分的バランスは、ジャコビニズムに対して局地的に対処することを可能にするものであったし、その故に、それがウィーンにおける反ジャコビニズムの努力の中心となったのである。

＊　一八二〇年の革命の鎮圧に際して、オーストリアもフランスも共に、単独行動を——ただし同盟の名において——希望した。

こうした理由から、ジャコビニズムの恐怖が直ちに同盟を更新させたと考えるのは性急であることが明らかであろう。それは確かに強力な要因ではあった。しかし、同盟が更新されるためには、さらにもうひとつの要因、すなわちナポレオンのエルバからの復帰によって、保障の必要がより生々しいものにされ、その重大性が再認識される必要があったのである。

かくて、ウィーンに集った政治家たちに再び団結の機会を与えたのは、ナポレオンのエルバからの復帰であった。同盟軍はウォータールーにおいて勝利を占め、結局、ブルボン王朝が復興されたけれども、今やブルボン王朝の位置の不安定さは明らかであった。ルイ十八世の復興はパリーで歓迎されたが、それにもかかわらず、それから九日の間ナポレオンの抵抗は続いたし、最も悪いことには、彼の降伏後も彼の軍隊は戦うことを止めなかった。そして、それには民衆の同情さえ与えられたのである。[13] もちろん、ルイ十八世以外にフランスの主権者たり得るものはなかった。同盟国はナポレオンに対する戦争目的を、「ヨーロッパにおいてかくも幸運にも回復された秩序」を守ることと定義していたからである。[13] したがって、ブルボン王朝を復興すると共に、それに対して、与えうる限りの保障を与えることが必要となった。

その場合、彼らがフランスに対してとった政策は、その寛大さに関しては、第一次パリー平和条約のそれとほぼ同一であった。タレイランは、

> あらゆる感情が、ところによっては内乱にまで発展するものを含めて、百日天下の間に強まった。しかし、王はフランスにおいて、もはや孤立した見知らぬ人ではなく、秩序と平和を欲するすべての人にとっての中心となっている。すべては同盟国の中庸を得た態度にかかっている。もしフランスが考慮を払われて扱われ、彼らがそういう扱いを受けたのは王のおかげだと人々が信じたならば、すべてはうまくゆくであろう。[14]

と説いたが、この線はカースルリーによって強力に支持された。カースルリーは過酷な平和を説く人々に反対し、寛大な平和を与えるために、最善の努力を払った。そして再び寛大な平和がフランスに与えられたのである。それは王の権威をたかめる第一の必要条件であった。*

* プロシアは、フランスがルイ十四世の下に得た領土の一部をフランスから奪うことを主張したし、イギリスの世論も過酷な平和を説く傾向があったが、カースルリーは、そうした意見に強く反対した。C. K. Webster, *op. cit.*, I, pp. 462–72 ; *B. D.*, p. 342f., p. 347f., p. 362f., p. 367, p. 375.

しかし、同盟国は、それに加えて、さらに確実な保障を必要と考えた。彼らの態度は、第一次パリー平和条約のそれに比べて、はるかに強い警戒を示しているが、それはカースルリーの書簡にもよく現われている。また、ウェリントンもプロシア軍がフランスにおいて示した蛮行に対して、それがもし続けられるならば、「フランス軍がスペインにおいて陥ったような状態に、連合軍も陥るであろう」[155]と警告して、人民の蜂起という可能性に対して極度の注意深さを示した。第一次パリー平和条約においては、旧い王が復興されたことが平和の充分な保障と考えられた。しかし、ナポレオンのエルバからの復帰は、その不充分さを明らかにしていたのである。かくて彼らは、王権を確立しつつ、さらに具体的な平和への保障を得ることを要求したのであった。

まず、平和の保障のために、フランスを必要な限りにおいて占領することが定められた。この考えはウェリントンが主張し、ツアーとカースルリーが賛成していたものであった。[156]カースルリーは、ウェリントンの意見に賛成して述べている。

> 私の信念と希望は次の通りである。もし、この国の感情と利益に対していくらかの注意を払って平和解決がなされたならば、フランス王と彼の政府と王党とは、貴方がたと同盟するであろうし、かくすることによって、王は次第に彼の権威を確立すると思われる。そしてこの王の権威こそ、われわれが得ることのできる他のすべての保障に勝る価値を持つものなのである。

これと反対に、もしわれわれが極端なことを敢えてするならば、われわれは王をしてわれわれを非難させる以外に術をなくさせるのであり、このようにしてひとたび反感を国民に与えたならば、王は間もなく国民を率いて戦争におもむくことを余儀なくされるか、あるいは、より大胆でより冒険的な競争者の出現によって、押し除けられることになるであろう。[57]

そして、

この問題に関するこの見解は次の信念に基づいている。フランスにおける王権は、巧みに営まれたならば、希望がないなどとは言えないものであること、そして、ヨーロッパの同盟が彼の支持に対して力強く用立て得ること、この二つの信念に基づいている。

こうして、フランスのなかに同盟軍は駐屯することになったが、それは、王の支持を同盟の一つの目的たらしめることになったものとして注目される。王権は力をもってしても守らなくてはならないという立場は、今や明らかであった。もちろん、このことを原則として認めることは、とくにイギリスにとっては問題があった。しかし、フランスの脅威に対する実際的な要求は、それをフランスについて個別的には、行うことを必要ならしめたのであった。そして実際的な要求から個別的にせよ認められた以上は、それは将来において同盟のなかに大きな位置を占めてくるものであった。

第二に、それは同盟の更新による保障を求めさせた。ナポレオン戦争の末期からウィーン会議にかけていくつかの要因が作用してきた。「ヨーロッパ」という概念がそこにはあった。またジャコビニズムの恐怖も働いており、それに対抗するものとして正統性の原則も現われてきていた。それらはすべて同盟国を団結させる要因であったが、それだけで同盟を作らせるほど強い要因でもなかった。フランスに対する安全保障の必要という強力な要因は、同盟を更新させる決定打となった。こうして、ウィーン体制への保障は、ようやく同盟という具体的な形をとることになった。そしてこの同盟によって、ウィーン会議がその理念を強調し、その統一を確立したところの「ヨーロッパ」がさらに強調されることになったのである。こうしてウィーン体制の保障の問題の検討は、いかなるコンセンザスが同盟をもたらしたかということを示し、したがってヨーロッパの統一の構造を明らかにしてくれた。それは次のように整理できる。

㈠　その枠組——利害の妥協点（modus vivendi）　同盟国の統一は、ウィーン会議がもたらした領土的解決に立脚していた。それは、彼らの各々が持っていた特殊の利害関係の妥協点とでも言うべきものであった。平和会議の第一の任務は、この妥協点を得ることであるが、ウィーン会議はこの点についてかなりの満足を与えていたのである。したがってそれは、一つのコンセンザスとして、彼らのヨーロッパのいわば枠組となるものであった。第二次パリー平和条約と同じ日に更新された同盟条約は、その第一条において、「この日にもっともキリスト教的なる王〔フランス王〕との間に締結された条約を完全に維持し、この条約の規定がそれと関連する特殊な規定と共に、すべての点について厳格かつ誠実に実施されるよう注意を払う」[18]として、領土的ステータス・クオの維持を第一の目的としているのである。

(二)　その動力――恐怖　こうした領土的解決の背後には、より根本的なコンセンザスが求められる。すべての動乱の後に恐怖が大きな要因となるように、この場合もジャコビニズムの恐怖と戦争の恐怖が強力に作用していた。それらは互いに結びつき、それによって強め合いながら、政治家たちをして安全保障を求めさせ、ヨーロッパを強調させる動力となったのであった。この二つの要因は、すでにくり返し描写してきたところである。

(三)　その「価値」――ヨーロッパ　しかし、われわれはまた、こうした恐怖が、政治においては生のままの恐怖として作用するのではなく、なにか守るべき積極的な価値と結びつくことによって、イデオロギーを構成することに注意しなければならない。そしてこの場合、守るべき価値とは、「ヨーロッパ」のそれであったことが明らかであろう。

(四)　そのイデオロギー――正統性とヨーロッパ統一の理念　同盟の統一は、さらに共通のイデオロギーによって強められる。ヴェルサイユ体制において民主主義が共通のイデオロギーとなったように、この場合は、正統性とヨーロッパ統一の理念がそのイデオロギーとなった。このイデオロギーがいかに重要であったかは、「ウィーン体制が、条約の体系ではなく、原則と意図のそれであった」[59]ことからして理解されよう。

3　「ウィーン体制」

このような彼らの「ヨーロッパ」は、当然さまざまな可能性を持っていた。第一に、正統性という概念がきわめて多義的なものであったことが、今後の発展に多くの可能性を残していた。次に、彼らにとって守るべき価値が「ヨーロッパ」であったという事実が、すでに多くの可能性を与えている。彼らが「ヨーロッパ」を強調したのは、一つには危機に臨んだ体制の側の努力であり、フランス革命の衝撃に対する彼らの解答であったけれども、同時にそれは、そうすることによってさまざまな積極的な価値にも可能性を与えたのであった。十六世紀以来唱えられてきたヨーロッパ統一の理念が、それによって具体的な形をとることになったのである。また、具体的に言えば、一八一五年十一月に更新された同盟条約が多くの可能性を持っていたことは、同盟条約の第二条と六条について明らかであろう。

この条約の第二条は、「ボナパルトおよびその家族がフランスの支配権から除外される」ことを規定したあと、それにつづけて、「もっとも最近の罪深き簒奪を支えたものと同じ革命的勢力が、他の形において再びフランスにとりつき、それによって他の国家の安定を害するときには、締約国は次のことが彼らの義務であることをおごそかに承認する。すなわち、こうした情勢のもとにおいて締約国は、彼らの人民の平穏と利益に対する警戒を倍加し、かくも不幸な事態が再び起こった場合には、それぞれの国家およびヨーロッパの全般的平穏のために必要と彼らが判断する措置を、もっともキリスト教的なる王と共に締約国間の協議によって行うものである」（第二条）と規定していた。この規定は簒奪への反対を明白に規定した点で、まさに正統性の原則の高らかなる宣言であったということができよう。ジャコビニズムに対する彼らのイデオロギー、正統性の原則は、ようやく舞台の前景へと現われたのであった。しかも、この条約はフランスに対するものであったとはいえ、それによって同盟国の政策を明らかにした点で、ヨーロッパ的な意味を持つものであったことを考えるとき、きわめて重要な規定であった。

しかし、正統性の原則は、とくに次の二点について問題を将来に持っていた。第一に、正統性の原則はきわめて広い意義を持った原理である。それは立憲君主制から絶対王制までを含むことができるものである。ウィーンの平和は、ドイツ連邦諸国やフランスに憲法を与えた。タレイランは、時代が変り、「ルイ十八世はフランスの正統な王ではあるが、王だけでは主権の重荷を背負うことができない」のを知っていた。[10] したがって彼は王が憲法を与え、代議制度を始めることを提案したのであった。しかしまた、ドイツ連邦憲法の不充分性が示しているように、ウィーンに集った政治家たちは、憲法を与えることが危険な実験であるとも考え、したがって消極的であった。具体的にはどのような正統性を打ち建てるか、そこに第一の問題があったといえよう。

第二に、正統性の原則は元来国内的な原理である。しかし、十九世紀の前半においては、ある国の中で革命が起こることは、そのイデオロギー的な波及のために、他の国にとっても、重大な関心事であった。しかも、ジャコビニズムが国際関係において有するエネルギーもまた、充分に恐れられていた。したがって、正統性の原則は国際関係においても用いられることになったのであるが、しかしそのときに、元来国内的なものであるこの原理を、どのような形で、どの程度にまで、国際社会に適用するかが大きな問題となってきたのである。とくに、それは同盟との関係において大きな問題となるのであった。

同盟条約の第六条は、会議体制の始まりを記すことになったものである。それは、「現条約の実施を容易、かつ確実ならしめるため、また現在四国の主権者たちをかくも密接に結んでいる関係を、世界の幸福のために確固ならしめるため、締約国は……彼ら共通の利害にかかる問題を協議し、それぞれの時期において、国家の安定と繁栄のため、もっとも健全と考えられる措置を考慮するために、一定の期日においてその会合を新たにすることに同意する」と規定している。ナポレオン戦争が終りに近づくにつれて、連合軍の首脳者たちの間に、親密な協力関係が生れてきていた。ナポレオン戦争の最後の段階から、パリー、ロンドン、ウィーン、そしてパリーと、同盟国の政治家たちは、ほとんど三年間にわたって親しく協力してきた。彼らの間にはもちろん意見の相違もあったけれども、彼らにとって共通の目的も存在した。彼らは長い道程をいっしょに旅行し、小さな旅館にいっしょに泊り、ほとんど毎日顔を合わせていた。ナポレオン戦争後の国際関係を支配することになった「欧州協調」を促進したものは、このようにして発生してきた個

人的な協力関係であった。カースルリーが一八一六年二月十九日、下院において語ったように、

もし、君主たちが行動の場所を同じくしていずに、別々に行動していたならば、戦争の偉大な仕事は、かくも幸福に終えられることがなかったであろう[16]。

彼は、シャティオンにおもむく前から、同盟国の代表者たちの間に直接かつ自由な意見の交換が行われなくてはならないと信じていた。「予想される意見の相違について存在する不信と警戒心はきわめて深いものであろう……」。しかし、それから数日して、「同盟国の代表たちが相互の討議に入ることを公式に命ぜられると、……予想された意見の相違がいかに早く消えるかを貴方は意識するに違いない[17]」。

かくて、彼は「会議による外交」が国際社会において占める役割を強調することになったのである。彼は、「欧州協調」に対して不信の眼を向けるイギリスの世論に対して、くり返し、くり返しそれを弁護した。彼は一八一八年、エックス・ラ・シャペルから書いている。

この再会は、それによって外交が視野を不明確にするところのくもの糸をとり去り、組織の全容をその真の光のなかにもたらし、強国の集まりに……ほとんど一つの国の単純さを与えるものであって、ヨーロッパの政府における新しい発見であるように、私には真実にそう思われ

るのである。[163]

ツァーもまた、この団結を、彼が青年のときから抱いてきた夢を実現するために用いようとした。彼は一八〇四年、ノヴォジルゾフを使者としてロンドンに送った書簡において、諸国家の権利を定める明確な原則を打ち建てる必要を説き、中立の特権を確保し、戦争に訴える前に第三者の仲介に委ねるべきであると論じ、こうした基礎に立てば、諸国家の連合を作ることができると主張したのであった。[164] その後、彼は一時ナポレオンと妥協し、やがてふたたび戦うことになった。彼の心には、次第に神秘主義がとりついていったが、諸国家の普遍的連合という夢は存続した。そしてそれは、今や神秘主義の衣を着て、神聖同盟として現われてきたのであった。「われわれの救世主、神の永遠の教えによって導かれる至高の真理の上に、その行動の基礎をおくこと……」を約したこの条約は、それ自体としては反動の組織ではなかった。それは、君主間の個人的宣言にすぎないものであり、なんらの具体的な裏付けをもたないものであったから、それ自体として考えるならば、それはメッテルニッヒの言う「高らかなるナンセンス」であった。しかし、ツァーの持っていた意図は疑うべくもないのである。[165]

当時のヨーロッパにおいては、「ほぼ同一の水準の文化と教養[166]」が紐帯として存在していた。したがって、こうして現われてきた「欧州協調」には、少なくとも一つの可能性が存在したことは確実である。エックス・ラ・シャペル会議に対して与えられた関心はそのことを明らかにしてくれている。それはすべての種類の訴えと請願を聞く、ヨーロッパの最高の権威であった。[167] 空想的な社会主義者ロバート・オーエンは、ツアーに対して教育と社会問題に関する見解を提出したし、ルイ・ウェイはユダヤ人の解放問題を呼びかけた。それは不充分な形においてではあったが討議されたのである。その他、イギリスの世論が強く唱えていた奴隷貿易の問題も扱われたし、デンマークとスウェーデンの係争、バイエルンとバーデンの対立等の問題も審議された。*

* こうした問題の多くは、ナポレオン戦争後の平和処理の実施にからむ問題であった。ユダヤ人の解放問題はドイツ連邦憲法第十六条（*D'Angeberg*, p. 1383）に、曖昧な一般的な形で規定されていたが、ドイツ諸国において実施されていなかったので、ユダヤ人の要求もあって、フランクフルトの大使会議の議題となっていた。奴隷貿易の禁止問題も、イギリスが第一次パリー平和条約以来、各国に承認させてきたところであり（第一次パリー平和条約、英仏間の付属条項第一条、*D'Angeberg*, p. 173. オランダとイギリス間の協定第八条）、一八一五年六月九日のウィーン会議議定書も、禁止宣言を付属議定書としている（一八一五年二月八日、*D'Angeberg*, p. 726）。しかし、その実施には、イギリスの海上支配の問題がからんだので、解決さるべき多くの問題が存在していたのであった。また、スウェーデンとデンマークの係争も、キール条約（一八一四年一月十四日、*D'Angeberg*, p. 91）の一条項をスウェーデンが実施しないために起こっていたものである。くわしくは C. K. Webster, *op. cit.*, II, pp. 167–72 を見よ。

しかし、政治はより現実の、より重要な利害関係によって左右される。こうした「欧州協調」が生れるためにも、すでにナポレオンという、より直接的でより重要な関心が必要であった。こうして「欧州協調」の可能性を示したエックス・ラ・シャペル会議は、同じくその限界をも、おぼろげに示している。新大陸のスペイン植民地の叛乱の問題は、ただ一時的な妥協を得たに過ぎなかったし、ツアーの提案した地中海の海賊討伐問題は、ロシアがこの方面に進出する機会を得ることに対する各国の危惧を明らかにした。また奴隷貿易の禁止が原則として承認されながら、実施されるまでに多くの困難が存在したのも、イギリス海上権への反感の故であった。こうして、問題が各国の利害にからむとき、「欧州協調」の紛争解決力は大きく減じたのである。そしてこのエックス・ラ・シャペル会議は、「欧州協調」にとってもっとも基本的な問題であったジャコビニズムへの対策についても、イギリスと大陸諸国の間に完全な一致は存在しないことを、妥協の蔭に示したのである。

「欧州協調」の統一をもたらしていたもっとも強い要因は、ナポレオンと彼を支持したジャコビニズムの恐怖であった。それは、ナポレオン戦争の末期からパリー平和条約に至る時期において、強力に作用した。そして政治家たちが領土的解決をすませて自らの国に帰り、その国内の秩序維持に注意を注ぎ始めたとき、それは、ますます強い影響力を示すことになるのである。

ヨーロッパにおいては、「旧制度と革命、保守派と自由主義者の間の絶え間なき戦い」[68]が始まりかけていた。それは、いわばフランス革命の第二の衝撃とでもいうべきものであった。ナポレオンの征服は、フランス革命がヨーロッパに与えた第一回の大きな衝撃であった。ソレルを引用するならば、革命はフランスで捕縛されてしまった。そしてある意味では軍事専制へと凝結してしまったのである。だがこの専制主義の活動によってこそ、革命はヨーロッパ全体に自らの存在を宣伝しつづけることができた。征服が諸国民の間に革命を拡めたのである。[169]

これに対して諸国民は、革命が征服という形をとったことに対して反抗し、「革命の支配」に反対して立ち上ったのであった。

君主達の団結は、このエネルギーを巧みに利用することによってナポレオンを打倒したのである。したがって、彼らが平和の再建を要請された世界は、革命前と比べて変らないように思われた。征服という波が押し寄せ、諸国民の反抗がそれを押し返したとき、すべては前と同じように見えた。旧い王たちは、ウィーン会議において彼らの権利を、当然のこととして復活することができた。しかし、征服によって拡げられた革命は、次第に成長しつつあった。今度はいたるところで。

もっとも、この第二の衝撃、すなわち自由主義の成長を、始めからあまりに強調するのは誤りであろう。第一に、ウィーン会議の直後においては、ステータス・クオへの反対勢力はきわめて微弱なものであった。ウィーン会議は、決して民衆の希望を考慮したものではなかった。また戦後に共通する経済的問題も存在した。しかし、おおむね一般民衆は、「戦いに疲れ、強い政府のもとでの平和だけを望んでいた」のである。[170] たしかに、平和はすべての人の願いであった。二十年を越える戦争、それもフランス革命以前の王朝戦争とは異なる激しい全面戦争は、人々の心に強く印象づけていた。当時のヨーロッパには腕の一つしかないもの、片眼のもの、片足の人などがいたるところに見られた。[71] それに革命は激しい社会混乱を予測させた。「恐怖政治」だけでもその充分な証明であった。かくて、ほとんどの人が平和を欲し、安定を欲していた。それは、初期ロマンティストと呼ばれる人々がフランス革命以前と以後に見せた転向によって示されるであろう。

よく知られている通りワーズワースは、フランス革命に惹かれた。フランス革命を非難する声が高まりつつあった当時のイギリスにおいて、彼はフランス革命に共感を示す数篇の詩を書いている。[72] 彼はフランス革命において人間性が再生し、至福千年が訪れるものと考えたのである。しかし、彼の愛するイギリスがフランスに対抗する同盟に加わったとき、彼の悩みは始まった。彼は当惑し、イギリスの参戦を悲しんだ。そして、

このように四方を敵にとり囲まれ、
苦しめられた国は狂気を増し、
少数者の罪が、
多数の狂気へと拡がった。

とき、彼の心は「もっとも深い悲しみ」でみたされ、「日々の考えは、陰鬱そのもの」となったのであった。[173]

それでも彼は、必死になってフランスを信じつづけ、こうした狂気を指導者の故にした。ロベスピエールが死んだとき、彼は夢中になって喜び、それまで圧迫されていた大衆を信じようとした。[174]

しかし、その期待も崩れ、

しかし今や、彼ら自身が圧政者となって、
フランス人たちが、自己防衛の戦いを、
征服のための戦いとなし、
彼らがそれまでそれを求めて戦ってきたものを見失った。[175]

とき、彼は失望した心を抱いてイギリスへと帰ったのであった。彼がこの心の苦しみの救いを求めたのは、古いイギリスの自然であった。[176]

こうした思想遍歴は当時の人の多くが経験したところであった。彼らはいちように啓蒙思想の合理主義に反抗し、カソリックや自国の国土や伝統などに拠り所を求めたのであった。コールリッジも、ノヴァーリスも、そしてシュレーゲルも、当時のロマンティストと呼ばれた人の魂がこうした遍歴を明らかにしている。こうしたロマンティシズムが十九世紀の初頭を支配したのである。[177]

したがって、ウィーン体制のごく初期における自由主義はきわめて少数のものであり、むしろいびつなものであったとさえいえるであろう。しかし、やがて戦争を経験したことのない世代が成長するにつれ、また戦争の記憶の生々しさが次第に薄れるにつれ、自由主義は次第に力を増し、健全なものになっていった。一時挫折したロマンティシズムの運動も一八二〇年代の半ばぐらいから力を取り戻し、自由主義と結びついた。* このように、自由主義はその時代についても、早急な一般的結論を許さないものであるが、同様にその国民がおかれている環境によって異なるのである。

* たとえば、ヴィクトル・ユーゴーは「ロマンティシズムは文学における自由主義である」と述べた。F.B. Artz, *op. cit.*, p. 196, pp. 184–203.

イギリスにおいてはすでに自由が存在したから、問題は平等を獲得すること、とくに産業革命によって生じた変化に即応した権利を獲得することであった。フランスやスペインにおいては自由を得ること、またはそれを守ることが問題であった。ドイツやイタリアのように名目的な独立しか得ていないところでは、人々は国民的統一の上に立った完全な独立を欲した。そして、ベルギーやハンガリーやポーランドのように、外国の支配の下におかれている国民は、独立を欲した。[178]

しかし、これらの運動は、こうした著しい相違にもかかわらず、すべて自由主義者と呼ばれる人によってなされた。G・ヴェイルの言葉を借りるならば、「『自由主義』という言葉は、反対派の目には必要な変化を総括する共通の言葉であった」。逆にこの総括的傾向は、保守主義の人々についても存在した。彼らは、彼らが秩序を混乱させ内乱に導くと考えたものを「自由主義」という言葉で呼んだ。ジャコビニズムの恐怖は当時まったく支配的であった。ウィーン体制の初期においては、「旧制度への復帰を妨げようとした人々でさえも、群衆の支配をきわめて恐れていた」のである。[179] 彼らが政治的現象を見る目は、革命の恐怖という先入観によって大きく支配されていた。メッテルニッヒは述べた。

革命の胚種は、すべての地方に浸透し、そこにおいて多かれ少なかれ発展した。とくに、それはボナパルトの軍事的独裁政権の下において発展したのである。

その征服は、すべての人々にとって聖なる紐であるところの、正統性、諸制度および慣行を大量に変えてしまった。……

かくて、この不吉な勢力は、今日世界の下に存在しており、それらは、王たちの間の団結と努力の輝かしい成果である、復興の成果を完全に破壊するという脅威を与えている。[180]

こうして、旧制度と革命、保守と自由という対立は、十九世紀の前半を支配する固定観念となってしまったのである。劇はフランス革命とそれへの反動の妄執のうちに演ぜられることになった。*

＊　先に述べた『パルムの僧院』のファブリスと『赤と黒』のジュリアン・ソレルとを、それぞれ支配階級と被支配階級の平凡な代表と考えるならば、妄執という言葉の妥当性は明らかであろう。

「欧州協調」の色彩も、この流れによって次第に支配されることになった。

　今日、ヨーロッパのすべての国の内部は、一つの例外もなしに、激しい熱病にとりつかれている。……こうした恐るべき危機に、もしヨーロッパの主要国がその原則や意図について統一を破り、他が否定しているものをあるものが認め、一国といえども、その隣国の困惑のなかにそれ自らの利益をたかめる手段を見出すなら、そしてまた、他の国の状態を冷淡にかつ罪深くも見逃すなら、もし勢力を得つつある革命を監視し、その爆発を妨げたり遅らせるという手段を注意してとらないなら、われわれはまったく早く壊滅するであろう。[18]

かくて、

　各国の徒党を抑えるための各政府間の連盟と君主間の連合は、……社会を全面的破滅から救うために、いま追求されねばならない政策の基礎である。[18]……

革命に対する君主たちの連合という性格は、「欧州協調」について、一八一八年のエックス・ラ・シャペル会議あたりから明らかにされ始めたように思われる。フランスについて、具体的な脅威が生れたときのための同盟を主張するイギリスに対して、ヨーロッパの各国はより広い保障を与える同盟を求めた。ジャコビニズムはウィーン会議においても問題であったが、そこでなされたことは、先に述べたように、勢力均衡原則の立場からジャコビニズムに対処するいわば枠組を作ることであった。しかし、今や問題は枠組にあるのではなく、それを構成する素材それ自身にあったのである。かくて、彼らは領土的なステータス・クオの維持を望んだだけでなく、彼らの王政を維持する社会的なステータス・クオの維持をも望んだのであった（ツァーの提案した大同盟は、ヨーロッパのすべての国を含むもので、領土の保全に加えて旧来の主権者〈sovereignty ab antiquo〉の保障をその目的としていた）。

こうした同盟の概念は、代議政体を持ち、国民が君主を選ぶ権利を所有しているイギリスにとって承認し得るものではなかった。* イギリスの世論が「欧州協調」に対して示していた態度を考えるときそれは明らかである。たとえ少数派であったにせよ、マッキントッシュ卿たちは、イギリス下院において次のように説得力ある議論を行っていた。**

法と公正および人間性のおきてに従って統治する政府の正統性と、見せかけの正統性

(pretended legitimacy) とは別ものである。……

　したがって、四国同盟等の措置がもし革命への保障にあるならば、それはきわめて危険なものであり、濫用されやすいものである。

＊　大陸諸国とイギリスの間の意見の相違は、一八一五年十一月の、同盟条約の審議においても見出すことができる。ツアーの提出した案は、「革命という狂気」が各国に発生したとき、同盟国がそれに干渉することを明らかに規定しようとしたものであった。これに対してカースルリーは強く反対し、その結果、先に注意したような曖昧な規定が生れたのであった。**W. A. Phillips, *op. cit.*, pp. 145-6.**

＊＊　イギリス下院は、一八一六年二月二日に提出された平和処理に関する条約を、二月八日、九日、十九日、二十日に討議した。*Hansard, Parliamentary Debates,* Vol. 32.　注目すべき反対意見は、①押しつけられた正統性への反対（ブルボン復興の措置への言及をも含む）――マッキントッシュ卿（七一三～七二一ページ）、ロウ氏（七四八～七五三ページ）、ロミリー卿（七五三～七六〇ページ）、ホーナー氏（七七〇～七八二ページ）。②四国同盟と神聖同盟が「国民の権利と自由」に対する脅威となる恐れがあるという議論――マッキントッシュ卿、ロミリー卿、ホーナー氏、ベネット氏およびブラウハム氏（三五一～三六三ページ）。こうした批評は、ある程度までは反対党が行う、「反対のための反対」であった。しかし、たとえばマッキントッシュ卿はそうした態度で反対したのではなかったから、その議論は説得力があったと思われる。彼が反対のための反対をしたのでなかったことは、第二次パリー平和条約について修正動議が出され、七七対二四〇で否決されたとき、彼が少数派に加わらなかったことからも判る。彼は第二次パリー平和条約の行った措置が――とくにブルボン家復興と一時的占領――、問題はあっても、やむをえないことを知っていたのである。しかもなお、彼は本文にかかげるような警告を与えることを必要と考えたのであった。

こうした議会を持つイギリスにとって、ツアーの提案した大同盟に賛成することができなかったのは当然であった。カースルリーは、一八一五年十一月の第二次パリー平和条約について、フランスの政体に変化が起こっただけでは干渉の正当な理由にならないことを主張すると共に、大同盟はその基礎となるべき国際社会の発展を必要とするが、それが存在しない以上、大同盟は実現不可能であると述べたのであった。[183]

そして二年後、イタリアとスペインの革命に際して、この意見の相違が具体化したとき、彼はより強い調子で次のように主張した。

共和主義的憲法をもたらす叛乱がいかに危険なものであっても、それが「直接かつ切迫した脅威」とならない限り、「こうした実験を外国の干渉や武力によって制限したり、支配したり、変化させたりする考えは、承認するためには危険で、実行することは不可能なものである」。そして、「同盟は、フランスの軍事的支配からヨーロッパ大陸の大部分を救うためのものであった。それは、世界政府のための結合として意図されたことも、他国の内政を監視するための結合として意図されたこともないのである」。[184]

こうして、革命に対抗する同盟という性格が現われてきたことは、一方においては露・墺・普北方三国の団結を固めさせると共に、他方、それらの国とイギリスとの距離を拡げることになった。そして、会議は次第に開催されないことになって、「会議体制」は終りを告げた。一つの政治的実験は、革命への対抗勢力として終ったのである。

しかし、ここで二つのことが注意されなくてはならない。第一は、イギリスと大陸諸国の間の関係である。それは一つの同盟のなかにとどまり、「会議体制」のなかで協力することは不可能なものであったが、しかし相対立するものではなかったのである。イギリスのヨーロッパ大陸への関係が、純粋な仲介者としてのそれである限り――ウィーン会議はそのことを明らかにしている――イギリスは大陸諸国の間に平衡が成立している以上、そこに介入しようとはしないし、また、そこに変化が起こることを好まず、起こった場合にも常に平衡を取りもどす方に動くことから、イギリスは本質的にステータス・クォの勢力であった。こうして、大陸を支配したメッテルニッヒ・システムと海洋を支配したイギリスの平和の間には、一つの妥協が成立することになった。それは、十八世紀の貴族社会から十九世紀の市民社会に移行する間の妥協的形態であった。そしてこの場合、一八一五年の領土的解決は、この二つのステータス・クォ勢力に共通する紐帯となったのである。さらに、この両者の間には、反ジャコビニズムという紐帯が存在し、それはショーモン条約――秘密条約として更新された――という形をとっていた。

次に、ウィーン会議によって明らかにされ、「会議体制」によって強調された「ヨーロッパ」の統一の概念は、第四章で述べるように十九世紀のヨーロッパを、Concert of Europe という形で支配することになった。会議体制への敵対者であったカニングが、彼のいわゆる「外交革命」を行ったのがロンドン会議という形においてであったことが、会議というものが、十九世紀のヨーロッパにおいて占めることになった重要性をもっともよく説明しているであろう。ヨーロッパはかなり強固な統一を示していた。したがって、そこに発生する問題は、多かれ少なかれ「ヨーロッパ」において解決されざるを得なかったのである。

ウィーンの平和は、保守主義がフランス革命という衝撃に対して与えた第一の解答であった。彼らは、彼らの知っている十八世紀のヨーロッパの秩序を、確固たる形で建設することによって、彼らの得た平和を維持しようとした。彼らはこの「ヨーロッパ」が価値あるものであることを知っていたし、それが崩れ去ろうとしていることも認識していた。かくて彼らは、それを何としても維持しようとしたのである――この意識はメッテルニッヒにおいてもっとも明白である。[185] 事実、十八世紀の終りに得られていたヨーロッパの統一は、強固なものであり、それ自体多くの価値を含むものであった。しかし彼らは、この「ヨーロッパ」が、さまざまな形をとる「ヨーロッパ」の一つにすぎないことを理解しなかった。

すべての国において、大貴族たちは、別の階級を作っていた。彼らは首府に住み、そしてしばしば他の首府の上層貴族と結婚した。大陸において彼らの言葉と彼らの教養は概してフランス語によっていたから、彼らは一種の国際的な階級を構成していたのである。[186]

つまり、彼らの考えていた「ヨーロッパ」は貴族主義的な「ヨーロッパ」であり、その下には新しい「ヨーロッパ」が育ちつつあった。彼らは、それが持っている可能性を充分に理解することができなかった。その意味で、彼らの視野は限られていた。彼らはしたがって、動いてゆく社会に充分対応することができなかった。彼らが始めから反動的であったということはない。彼らは、スペイン等で行われている極端な反動にも反対した。また、ウィーン体制の初期における自由主義にも、大した価値はなかった。したがって、彼らがそれに反対したのは、むしろ当然であった。しかし問題は、事態がいつまでもそうではなかったということである。フランス革命は、その第二の衝撃をゆるやかに、しかし確実に与えつつあった。彼らは、彼らの作った世界にとらわれて次第に反動の方向に流れて行ったのである。だが、それをきびしく批判することができるであろうか。少なくとも、彼らの与えた「ヨーロッパ」は新しい酒を入れる革袋となった。彼らの「ヨーロッパ」だけがヨーロッパではなかったけれども、彼らはその一つを強調することによってヨーロッパを強調することになったのである。それは新しい酒を育てることができた。

かくて、彼らの与えた平和は一つの息をつく間であった。しかし、それが息をつく間にすぎなかったが故に、批判されるべきなのであろうか？　それとも、かくもながい息をつく間を与えたが故に、賞讃されるべきなのであろうか？　彼らが与えた「ヨーロッパ」は、「一つのヨーロッパ」であった。しかし、それが「一つのヨーロッパ」であったが故に、批判されるべきであろうか？　それとも、「一つのヨーロッパ」を強調したが故に、賞讃されるべきなのであろうか？

(1) A. Sorel, *L'Europe et la Révolution Française* (Paris, 1905), Vol. I, p. 544.

(2) H. du Coudray, *Metternich* (London, 1935), p. 76. その要綱は、フランスに自然国境を与え、ドイツはいくつかの独立国家からなる連邦組織とし、ロシアはチルジットの和約以前の状態に戻るというものであった。

(3) アレキサンダーは、ロシア軍のドイツへの進撃に先立って、一八一三年二月十日、ワルソーからヨーロッパの各国に向けて、「解放の事業を統轄する諸原則の宣言(Une déclaration des principes qui devaient présider à l'œuvre de la délivrance)」を発表した。それは、ロシアが拡大の野望をもたないことを述べるとともに、各国に対して、この「独立と平和」の回復の好機をとらえるように呼びかけたものであった。Garden, *Histoire générale de Traités de paix*, Vol. 14, pp. 139–41. また、クツゾフはカリッシュ条約締結後、一八一三年三月二十五日にも、ドイツ国民に対して、ライン同盟の解放を呼びかける宣言を行っているが、この宣言も同じく自由と独立の回復という言葉で始まっている。*D'Angeberg*, Le Congrès de Vienne (Paris, 1864), p. 7. (以下 *D' Angeberg* と略)

(4) H. du Coudray, *op. cit.*, pp. 67–9.

(5) プロシアとイギリスが、オーストリアの仲裁に応じたのは、ともに、彼らがオーストリアを加えた大同盟の必要を熟知していたからであった。プロシアについては、*British Diplomacy, Select Documents* (London, 1921) p. 63, p. 67, p. 72 (以下 *B. D.* と略)。イギリスについては *Ibid.*, p. 7, p. 13f., p. 79f. ed に明らかである。ツアーも、オーストリアの協力をうる必要から、先に述べたレプツェルテルンに対して、ドイツを連邦組織とすることなどを保証している。H. A. Kissinger, *op. cit.*, pp. 52–6.

(6) オーストリア、ロシア、およびプロシア間の三国同盟、テプリッツ条約、一八一三年九月九日、*D' Angeberg*, p. 50. この同盟条約以後、同盟国の文書のほとんどすべてに、「正常な平衡の回復」という言葉が認められるようになる。たとえば、一八一三年十月三日、オーストリアとイギリスの間に結ばれたテプリッツの予備同盟条約の前文、*D'Angeberg*, p. 55. 一八一三年十月八日、リエにおいて結ばれたオーストリアとバイエルンの間の予備同盟条約、*D'Angeberg*, p. 56. 一八一三年十二月一日、フランクフルトにおいて発表されたフランクフルト宣言、*D'Angeberg*, p. 79. 一八一四年三月一日のショーモン条約前文、*D'Angeberg*, p. 116. など。

（7）六四ページ注＊参照。

（8）*B. D.*, p. 139. ジャコビニズムの恐怖が示していた大きな影響力はシャティオン会議の過程においてまったく明らかである。B. D., p. 139, p. 141, p. 150, p. 151, p. 156, p. 161, p. 163.

（9）一〇一ページ注＊および注（107）参照。

（10）イギリスにおいて反ジャコビニズムがもっともヒステリカルであったのは、一七九二年から一八二二年までであったが、この時代は、「悪漢であるほうが改革者であるよりも安全」な時代であった。いかなる改革もジャコビニズム的であるとして非難されたのである。G. M. Trevelyan, *English Social History*, 3rd edition (London, 1946), p. 463, p. 468, pp. 482-3 を見よ。

（11）条約正文は *D'Angeberg*, p. 116f.

（12）ショーモン条約、秘密条項の一および二。

（13）H. du Coudray, *op. cit.*, p. 94. その他の機会においても、彼はその意味の発言を行っている。*Ibid.*, p. 102, p. 110. また、ウィーン会議後において、彼が自らをヨーロッパの宰相と自任していたことはあまりにも有名である。たとえば、*Aus Metternichs Nachgelassenen Papieren* (Wien, 1881), Ⅲ, p. 111, p. 298（以下 *N. P.* と略）。

（14）*D'Angeberg*, p. 110. E. Nys も、この宣言を、欧州協調の概念の発達を示すものとして彼の論文のなかに引用している。E. Nys, "Le Concert Européen et la notion du droit international", *Revue de Droit international 1899*, p. 277.

（15）*D'Angeberg*, p. 136, p. 137, p. 144, p. 146. 「フランス政府に対して同盟したヨーロッパは……」p. 136. 「ヨー

ロッパの同盟（la ligue Européen）……」p. 144. など。

(16) *D'Angeberg*, p. 118.

(17) C. K. Webster, *The Foreign Policy of Castlereagh 1812–1815* (London, 1931), I, p. 229, p. 230.

(18) ピーター・ヴィーレック『保守主義』第二部資料、二五六ページ。フリードリッヒ・ゲンツ『欧州の政状について』一八〇一年。

(19) *D'Angeberg*, pp. 104–146.

(20) *B. D.*, p. 168, Castlereagh to Liverpool, Bar-sur-Aube, March 22, 1814.

(21) *D'Angeberg*, p. 146.

(22) *B. D.*, p. 147f., Castlereagh to Liverpool, Chatillon sur Seine, Feb. 16, 1814.

(23) *B. D.*, p. 147f.

(24) ブルボン復興の決定的な動きが、いつ、どこで、だれによって行われたかについては意見が一致していない。たとえば、C. K. Webster, *op. cit.*, I, pp. 240–47 の描写と、G. Ferrero, *The Reconstruction of Europe*, pp. 76–92 の描写はまったく強調点を異にしている。

(25) ショーモン条約を結ぶにあたって、同盟国の指導者たちが、平和が目前にあるとは考えていなかったことは、ウェブスターも指摘している C. K. Webster, *op. cit.*, I, p. 226.

(26) *B. D.*, p. 177, Castlereagh to Liverpool, Paris, Apr. 19, 1814, p. 178, Castlereagh to Liverpool, Paris, Apr. 20, 1814 にも見られる。

(27) *B. D.*, p. 151. ここにイギリスの名前がないのは、この文書がカースルリーの手によって書かれたためもあるが、それだけではない。ウェリントンの率いるイギリス軍は、フランス国民に反感を与えないように、必要物資を代価を払って買い上げていた。また、イギリスは他の同盟国の徴発等の行為の行過ぎをくり返していましめている。たとえば、C. K. Webster, *op. cit.*, I, p. 129.

(28) *D'Angeberg*, pp. 156–60.
(29) G. Ferrero, *op. cit.*, p. 101.
(30) 第一次パリー平和条約の正文は、*D'Angeberg*, pp. 161–76. 秘密条項三および四のほかにも、第六条は、オランダの主権者をオレンジ家と定め、他に外国の王冠を持つものが、その主権を持つことを禁じている。
(31) 第一次パリー平和条約、秘密条項の二。
(32) C. K. Webster, *op. cit.*, Ⅰ, p. 268.
(33) Treitschke, *History of Germany in the 19th Century*（English Translation）（London, 1916）, Ⅰ, p. 661.
(34) C. K. Webster, *The Congress of Vienna*（Oxford, 1918）, p. 43.
(35) H. A. Kissinger, *op. cit.*, p. 48.
(36) C. K. Webster, *op. cit.*, Ⅰ, p. 113.
(37) 彼は一八一八年十二月五日、ラ・ハープに宛てて書いている。「私が持っている概念と知識のほとんどすべては、貴方のおかげです」。W. A. Phillips, *The Confederation of Europe*, 2nd edition（London, 1920）, p. 50.
(38) H. A. Kissinger, *op. cit.*, p. 90.
(39) W. A. Phillips, *op. cit.*, p. 54.
(40) *Ibid.*, p. 51.
(41) 彼は、一八一二年十二月六日、ツアーに手紙を送っているし、同じく十二月十二日にも、ノヴォジルゾフ（Novosiltsov）に手紙を書いてそれを確かめている。*Ibid.*, p. 61.
(42) *Ibid.*, p. 62.
(43) *B. D.*, p. 197f., Castlereagh to Liverpool, Vienna, Oct. 2, 1814. ツアーはカースルリーとの第一回目会見において、「……彼の帝国の部分を犠牲にするつもりがないことを率直に認めている」。
(44) W. A. Phillips *op. cit.*, p. 67.

(45) H. A. Kissinger, *op. cit.*, p. 48.

(46) C. K. Webster, *op. cit.*, I, p. 124 ; *Ibid.*, p. 110.

(47) *B. D.*, p. 133f., Castlereagh to Liverpool, Basle, Jan. 22, 1814.

(48) ベール、ラングル、そしてトロアイユにおいて、彼はオーストリアとロシアの仲介者になろうとした。*B. D.* 中、この時期の書簡を一読すればそれは明らかである。

(49) *B. D.*, p. 178f., Castlereagh to Liverpool, Paris, Apr. 20, 1814. この言葉はカースルリーのツアーに対する態度を端的に表現するものとして、フィリップスによって注意されてきたところである。W. A. Phillips, *op. cit.*, p. 83.

(50) *B. D.*, p. 189, Castlereagh to Wellington, Downing St., Aug. 7, 1814.

(51) *D'Angeberg*, p. 287. 一八一四年十月十二日、カースルリーがツアーに宛てたポーランド問題に関する覚書。

(52) H. J. Morgenthau, *In Defence of the National Interest* (New York, 1951). 鈴木・湯川共訳『世界政治と国家理性』(創文社、昭和二十九年) 八五〜八六ページ。

(53) *Mémoires de Talleyrand* (Paris, 1891), Vol. II, Instructions pour les ambassadeurs du Roi au congrès, p. 214f. 引用文は pp. 247-8.

(54) E. L. Woodward, *War and Peace in Europe* (London, 1931), p. 11. イギリスの政治家のなかでソールズベリー卿が、ロシアの弱さを理解した最初の一人であったことを考えると、ナポレオン戦争後、いかに長くロシアが恐れられていたかが判るであろう。

(55) たとえば、彼がフランスの王位問題において示した態度は、先に述べたように不必要な恐怖を与えた。

(56) E. L. Woodward, *op. cit.*, p. 11.

(57) H. A. Kissinger, *op. cit.*, p. 58.

(58) すべての研究者がこのことを認めているが、フェレロの描写がもっとも印象的である。G. Ferrero, *op. cit.*, p. 237.

(59) 注(50) および *B. D.*, p. 146, p. 229f.
(60) *F. B. F. P.*, p. 16.
(61) *F. B. F. P.*, p. 14.
(62) *B. D.*, p. 229f., Castlereagh to Liverpool, Vienna, Nov. 11, 1814 ; *B. D.*, p. 217f., Castlereagh to Liverpool, Vienna, Oct. 25, 1814 ; *D' Angeberg*, p. 274, Note de lord Castereagh au prince de Hardenberg, Vienne, le 11 Octobre 1814.
(63) メッテルニッヒがウェッセンベルグ男爵を使者としてロンドンに送った書簡。H. A. Kissinger, *op. cit.*, p. 53. 同じ内容の言葉は、同書五一ページにも見られる。
(64) この言葉はツアーとカースルリーの第二回会見において吐かれたもので、*B. D.*, p. 206f., Castlereagh to Liverpool, Vienna, Oct. 14, 1814 に記されている。なお、第一回の会見は、*B. D.*, p. 197f. に記されている。
(65) *Encyclopadia Britannica*, 1th edition (London, 1956)
(66) この点も、すべての歴史家が一致して認めているが、ニコルソンの描写がもっとも秀れている。H. Nicolson, *op. cit.*, pp. 111-7.
(67) たとえばピットは、一八〇五年の覚書のなかで、プロシアとオーストリアの間の協力関係の望ましいことと共に、それを打ち建てることが困難であるのを予測している。*F. B. F. P.*, p. 15.
(68) *B. D.*, p. 3, Castlereagh to Cathcart, Apr. 20, 1813 ; *B. D.*, p. 131f., Castlereagh to Cathcart, Basle, Jan. 16, 1814 ; *B. D.*, p. 133f., Castlereagh to Liverpool, Basle, Jan. 22, 1814.
(69) Treitschke, *History of Germany* (English Translation) (London, 1916), Vol. II, p. 35. このことは、カースルリーも認めている (*B. D.*, p. 201)。
(70) フンボルトの『ポーランド問題に関する覚書』(一八一四年十一月九日)。(Treitschke, *op. cit.*, II, p. 51 引用)

(71) *D'Angeberg*, p. 1934.

(72) *B. D.*, p. 201, p. 211　その他。

(73) H. du Coudray, *op. cit.*, p. 85.

(74) C. K. Webster, *op. cit.*, I, p. 158.

(75) *Mémoires de Talleyrand*, II, p. 344.

(76) *B. D.*, p. 202, p. 206.

(77) *D'Angeberg*, pp. 1939–40.

(78) *B. D.*, p. 213f. フランス語のものは、*D'Angeberg*, p. 291. 以下に、十月十四日付のカースルリーの覚書として掲載されているが、ウェブスターによれば、それがツアーに対して提出されたものであったとされている（*B. D.*, p. 213)。後者に従った。

(79) その代表的なものは、H. A. Kissinger, *op. cit.*, pp. 161–2. ウェブスターもこの説に言及する必要を認めている。C. K. Webster, *op. cit.*, I, p. 344.

(80) カースルリーの覚書に関するフンボルトのノート。一八一四年十月二十五日、Treitschke, *op. cit.*, II, pp. 45–6 より引用。

(81) H. A. Kissinger, *op. cit.*, p. 161.

(82) くわしくは　H. Nicolson, *op. cit.*, pp. 158–9.

(83) *D'Angeberg*, p. 406f., Mémorandum secret sur la Pologne, Communiqué à lord Castlereagh par le prince de Hardenberg 11., Novembre.　ハルデンベルグは上記書簡によってそれをカースルリーに告げた。

(84) *D'Angeberg*, p. 1941., Note verbale Hardenberg au Metternich ; *B. D.*, p. 248f.

(85) *Mémoires de Talleyrand*, II, p. 448.

(86) *D'Angeberg*, p. 505., Note du prince de Metternich au prince de Hardenberg.　十二月十日の回答が送られる前

にも、カースルリーはプロシアとオーストリアの決裂を避けるために、ハルデンベルグおよびメッテルニッヒと、それぞれ個別的に会合して妥協をすすめている。*B. D.*, p. 248f., p. 225f., Castlereagh to Liverpool, Vienna, Dec. 7, 1814.

(87) *B. D.*, p. 257f., Castlereagh to Liverpool, Vienna, Dec. 17, 1814.

(88) フェレロがこの点を強調している。G. Ferrero, *op. cit.*, p. 314.

(89) *B. D.*, p. 257f., Castlereagh to Liverpool, Vienna, Dec. 17, 1814.

(90) *B. D.*, p. 277f., Castlereagh to Liverpool, Vienna, Jan. 1, 1815.

(91) パリー平和条約の規定、とくに秘密条項の一。

(92) 一八一五年一月四日付、王への書簡。*Mémoires de Talleyrand*, II, p. 554f.

(93) *Ibid.*, II, pp. 239–42.

(94) *Ibid.*, pp. 218–30.

(95) よりくわしくは、H. Nicolson, *op. cit.*, chap. 9 および C. K. Webster, *The Congress of Vienna*, Part II; *Mémoires, de Talleyrand*, II, pp. 215–6.

(96) *Mémoires de Talleyrand*, II, p. 293.

(97) *D'Angeberg*, p. 1961, Note de Metternich à Talleyrand; *B. D.*, p. 260f.

(98) *D'Angeberg*, p. 540f., Lettre de Talleyrand à Metternich.

(99) *D'Angeberg*, p. 589f.; *B. D.*, p. 279, p. 280.

(100) トライチケは、ドイツの中小諸国、とくにバイエルンやヴュルテンベルグなどが、狭い割拠主義に立って、プロシアへの嫉妬と恐れから、プロシアの拡大に反対したと、この時期の動きを描いている。Treitschke, *op. cit.*, II, pp. 16–25, p. 43, pp. 55–7, p. 63. また、*B. D.*, pp. 271–2. そしてウェブスターもフェレロもこの事実を認めている。

(101) *B. D.*, p. 268f., p. 282f. 一〇九ページ注＊参照。

(102) *B. D.*, p. 302. この二月六日付の書簡は、ドイツ問題の領土的解決の概要を与えてくれる。

(103) Treitschke, *op. cit.*, II, p. 93.

(104) ジャック・ドローズ『ドイツ史』（文庫クセジュ、昭和二十七年）三三ページ。

(105) Treitschke, *op. cit.*, II, p. 94.

(106) *Ibid.*, pp. 16–25, p. 43, pp. 55–7, p. 62, p. 63, p. 98.

(107) *Ibid.*, p. 63.

(108) *Ibid.*, p. 98.

(109) *Mémoires de Talleyrand*, II, p. 368.

(110) *F. B. F. P.*, pp. 25–7, Canning to Lord G. Leveson Gower, May 16, 1807. 彼は、民族の権利を重んじたけれども、ドイツについてはプロシアの「本質的に軍国主義的」な性格に警戒を払い、プロシアがドイツを支配することに激しく反対し、北ドイツの安全が連邦組織によって得られると結論している。

(111) Treitschke, *op. cit.*, pp. 124–5, p. 116.

(112) *Ibid.*, II, p. 121.

(113) ドイツ連邦憲法第七条、*Ibid.*, p. 1379. ウィーン会議最終議定書第五十九条、*Ibid.*, p. 1412.

(114) ドイツ連邦憲法第十一条、*Ibid.*, p. 1380. ウィーン会議最終議定書第六十三条、*Ibid.*, p. 1413.

(115) G. Ferrero, *op. cit.*, p. 321.

(116) メッテルニッヒは、イタリア半島をオーストリアの支配下におこうとしたのであるが、それはフランスの好まないところであった。それゆえに、ミューラーの処置をめぐって、メッテルニッヒとタレイランの間に外交戦が展開されたのであった。イタリア問題の詳細は C. K. Webster, *The Congress of Vienna*, Section 27, pp. 123–8. また、G. Ferrero, *op. cit.* の必要箇所。メッテルニッヒ自身の言葉は、彼がウィーン会議において、秘密文書をほとんど作製していないことの故に、見つけることができなかった。

(117) *Mémoires de Talleyrand*, II, p. 239.

(118) *Ibid.*, p. 236.

(119) *B. D.*, p. 177f., Castlereagh to Liverpool, Paris, Apr. 19, 1814.

(120) Treitschke, *op. cit.*, p. 46. フンボルトの覚書、一八一五年十月二十五日。

(121) フェレロは十八世紀の国際法がウィーン体制を作った政治家たちに対して、大きな影響力を持っていたことを強調している。G. Ferrero, *op. cit.*, pp. 112-9.

(122) スイス問題に関する一八一五年三月二十日の宣言の前文で認められ（*D'Angeberg*, p. 934）、ウィーン会議最終議定書第八十四条および一一八条において確認された（*D'Angeberg*, p. 1422, および p. 1432）。

(123) 永世中立制度の意義は第三節で触れる。スイスの永世中立が成立するまでの概史は、田岡良一『永世中立と日本の安全保障』（有斐閣、昭和二十五年）四五～六一ページ。ウィーン会議当時の交渉の経過については、Milovanowitch, *Les Traités de Garantie au 19e siècle*, pp. 141-55（Paris, 1888）を見よ。

(124) パリー平和条約第五条および秘密条項の三（*D'Angeberg*, p. 165, p. 171）。ウィーン会議最終議定書第一〇八～一一七条、および九十六条（*D'Angeberg*, pp. 1430-1, p. 1425）。国際河川の発達の歴史については、Radovanovitch, *Le Danube et l'application du prinipe de la liberté de la navigation fluviale*（Genève, 1925）第一部第一章を見よ。

(125) ウィーン会議最終議定書第一一八条によって確認された規則（*D'Angeberg*, p. 339）。

(126) D. J. Hill, *History of Diplomacy*（London, 1921）, Vol. I, p. 359.

(127) H. J. Morgenthau, *Politics among Nations*, p. 196.

(128) たとえばローズは、*The Revolutionary and Napoleonic Era* の第一章でそれを強調している。H. Rose, *The Revolutionary and Napoleonic Era*, 6th edition（Cambridge, 1919）.

(129) G. Weill, *L'éveil des Nationalités et le Mouvement libéral 1815-48* (Paris, 1930), p. 7. アルツも同じような描写を行っている。F. B. Artz, *Reaction and Revolution* (New York, 1934), p. 113.

(130) N. Örvik, *The Decline of Neutrality* (Oslo, 1953), p. 24, p. 27, pp. 28-9.

(131) シャティオン会議における同盟国の予備条約案（一八一四年二月十七日にフランスに提示された）第四条（*D'Angeberg*, p. 111）。それ以後、ショーモン条約、第一次パリー平和条約と一貫した政策である。

(132) C. K. Webster, *op. cit.*, I, p. 427.

(133) *B. D.*, p. 305, Castlereagh to Liverpool, Feb. 13, 1815, p. 307, Circular Letter to Ambassadors, Vienna, Feb. 13, 1815. ゲンツの草案は *D'Angeberg*, p. 864.

(134) カースルリーは二月十四日、コンスタンチノープル駐在大使、ロバート・リストンに宛てて、トルコに仲介を受諾させるように働きかけることを命令している。*B. D.*, p. 305, Castlereagh to Robert Liston, Vienna, Feb. 14, 1815; C. K. Webster, *op. cit.*, I, pp. 429-30.

(135) C. K. Webster, *op. cit.*, I, p. 428.

(136) *B. D.*, p. 303f., Castlereagh to Liverpool, Feb. 13, 1815.

(137) H. G. Schenk, *The Aftermath of the Napoleonic Wars* (London, 1947), p. 35より引用。ツアーが一八一四年十二月三十一日に、イギリス、オーストリアおよびプロシアに送った書簡。

(138) *B. D.*, p. 303f.

(139) *B. D.*, p. 303f. および *Mémoires de Talleyrand*, III, p. 75, Lettre de Talleyrand au Roi, Feb. 1815.

(140) *B. D.*, p. 303f.

(141) *Mémoires de Talleyrand*, III, p. 75.

(142) *B. D.*, p. 303f. 彼は、諸国間の友好関係が「交渉の初期の段階に起こったことを考えると、到底期待しえないほど」良いものであると書いている。

(143) C. K. Webster, *op. cit.*, I, pp. 431–3.
(144) くわしくは、G. Ferrero, *op. cit.*, pp. 198–202, pp. 302–4.
(145) *Mémoires de Talleyrand*, II, p. 157.
(146) *Ibid.*, p. 159.
(147) *B. D.*, p. 181f., Castlereagh to Lord William Bentick, Paris, May 7, 1814.
(148) *B. D.*, p. 34, Castlereagh to Cathcart (Private), Dover Castle, Oct. 14, 1813 ; *B. D.*, p. 105, Castlereagh to Aberdeen (Private and Confidential), Dover Castle, Oct. 15, 1813.
(149) *B. D.*, p. 181, Castlereagh to Liverpool, Paris, May 5, 1814.
(150) 八〇ページ注＊参照。メッテルニッヒは一八一四年十月、サルディニア王国の外相サン・マルツァノ伯に対して、同じような言葉を語っている。G. Ferrero, *op. cit.*, p. 198. 秘密条約については、C. K. Webster, *The Congress of Vienna*, p. 127 を見よ。
(151) Thomson, *Meyer, Briggs, Patterns of Peacemaking* (London, 1945), p. 139.
(152) W. A. Phillips, *op. cit.*, pp. 121–2.
(153) *D'Angeberg*, p. 971f.
(154) W. A. Phillips, *op. cit.*, p. 131 より引用。Mémoire du Cabinet Français sur les Institutions politique de la France Juillet 14, 1815.
(155) *B. D.*, p. 343, Wellington to Castlereagh, July 14, 1815.
(156) *B. D.*, pp. 357–9., Wellington to Castlereagh, Aug. 11, 1815.
(157) *B. D.*, p. 362, Castlereagh to Liverpool (Private and Confidential), Paris, Aug. 17, 1815.
(158) 第二次パリー平和条約第二条。条約文は *D'Angeberg*, pp. 1636–8. エックス・ラ・シャペル会議は同盟の目的をさらに明確に「平和の維持と……それを確固たらしめている条約の保障」と規定している (Déclaration

des ministres d'Autriche, de France, de la Grande-Bretagne, de Prusse, et de Russie, Nov. 15, 1818. *D' Angeberg*, p. 1760.)。

(159) A. J. P. Taylor, *The Struggle for Mastery in Europe* (Oxford, 1954), p. 1.

(160) *Mémoires de Talleyrand*, Ⅲ, p. 195f., Rapport fait au Roi.

(161) Hansard, *Parliamentary Debates*, vol. 32, p. 701, p. 359.

(162) C. K. Webster, *op. cit.*, Ⅰ, p. 199, p. 203, p. 209.

(163) Schenk, *The Aftermath of the Napoleonic Wars* (London, 1947), p. 126. 同じく C. K. Webster, *op. cit.*, Ⅱ, p. 146. なお、国内での弁護は議会での発言を見よ。Hansard, 2nd series, vol. 4, pp. 865–79.

(164) W. A. Phillips, *op. cit.*, p. 37.

(165) 条約文は、Martens, *Nouveau Recueil de Traités*, Ⅱ, p. 656.

(166) H. J. Margenthau, *Politics among Nations*, p. 195.

(167) W. A. Phillips, *op. cit.*, p. 180.

(168) G. Weill, *op. cit.*, p. 23.

(169) A. Sorel, *op. cit.*, pp. 4–5.

(170) G. Weill, *op. cit.*, p. 20.

(171) 岡義武『国際政治史』（岩波書店、昭和三十年）五七ページ。

(172) B. Willey, *The Eighteenth Century Background* (London, 1950), pp. 261–4 ; Wordsworth, *Prelude*, Bk. 9.

(173) 彼の苦しみは *Prelude*, Bk. 10 にまざまざと描かれている。引用文は Bk. 10, ll. 335–8.

(174) *Prelude*, Bk. 10, ll. 572–9. および Bk. 11, ll. 191–7.

(175) *Prelude*, Bk. 11, ll. 206–9.

(176) B. Willey, *op. cit.*, pp. 267–71.

(177) F. B. Artz, *op. cit.*, pp. 50–63.
(178) G. Weill, *op. cit.*, p. 23.
(179) F. B. Artz, *op. cit.*, p. 82.
(180) メッテルニッヒ「信念の告白」。一八二〇年十二月十五日、トロッポウにおいてツァーに送ったもの、III, pp. 400–20. 引用文は *N. P.*, pp. 408–9.
(181) ゲンツがエックス・ラ・シャペル会議の終りにあたって書いたもの（*N. P.*, p. 169）。
(182) 「信念の告白」より（*N. P.*, p. 416）。
(183) *F. B. F. P.*, pp. 39–46.
(184) State Paper of 1820 May 5（*F. B. F. P.*, pp. 48–63）.
(185) 「信念の告白」からも、それは明らかである。とくに *N. P.*, p. 409.
(186) F. B. Artz, *op. cit.*, p. 8.

第三章　会議はなぜ踊りつづけたか

1　最高の儀典長・メッテルニッヒ

「会議は踊る。されど進まず」。ナポレオン戦争の戦後処理をおこなったウィーン会議の議事が停滞し、ただ社交活動だけが来る日も来る日も、華々しくくり返されたことを警句風に述べたこの言葉は、かなり広く知られた言葉である。少し古い話になるが、第一次世界大戦後、それを題名にした映画が作られて人気をはくしたし、名作ということで第二次世界大戦後もときどき再映されてきた。

しかし、どうもこの言葉は、きわめて表面的にしか理解されていないように思われる。すなわち、それは会議の難航を示すひとつの材料として記憶されているにすぎない。このような言葉をどのような人物が語り、彼がこの言葉との関連で、他になにを語ったかということは、まったくと言ってよいほど無視されている。つまり、名言が一人歩きしているので、しかるべき文脈において理解されてはいないのである。

この言葉を発したのは、当時八十歳を過ぎていたリーニュの老公爵であった。[1] そして、このリーニュ公は、踊っているだけでいっこうに進行しない会議を、しかめ面で見ていたのではなく、率先して踊り、恋をし、それを楽しみつづけて、会議が終る前に、幸福に死んで行ったのであった。それどころか、彼は踊る会議について次のように述べている。「奇妙なことだし、私にしても初めての経験だが、ここでは快楽の追求が平和を実現しつつある」。

すなわち、リーニュ公は「会議は踊る」という状況を、必ずしも失敗のしるしとしては見ていなかった。逆に彼は、それを成功の一要因とさえみなしていた。もちろん、会議が難航したことは事実であり、そのために社交活動だけが目立ったことは否定できない。そして、それゆえに会議の主人役であったメッテルニッヒは非難された。ロシア皇帝アレキサンダーは「メッテルニッヒは世界で最高の儀典長だが、彼以下の首相を探すことは難しかろう」と言ったし、プロシア代表のフンボルトは、「メッテルニッヒに興味を持たせるものは催し物の準備だけで、彼は二人の大使を待たせながら、彼の娘が踊るのを見、そして婦人たちとしゃべりつづけることができる人物である」と述べた。常日頃から歌や祭りの好きなウィーンの人々も、むやみにつづくページェントや舞踏会に倦き、生活費の高騰もあって、踊る会議に批判的になっていたし、メッテルニッヒの秘書ゲンツも、メッテルニッヒが恋人であるサガン夫人にうつつを抜かしていることに腹を立てた。そして、そのサガン夫人自身がメッテルニッヒのことを、「他のヨーロッパ諸国の信頼を失った外相〔メッテルニッヒは外相でもあった——筆者注〕は適任ではありませんわね」と語っていたのである。[2]

しかし、こうした言葉は、メッテルニッヒのことをほんとうに無能力者と思って吐かれたとは思わない。たとえばサガン夫人は、メッテルニッヒの美貌と優雅な振舞いゆえにだけでなく、その秀れた能力ゆえにメッテルニッヒに惹かれていた。その人物がメッテルニッヒの能力に深刻な疑問を持って上述の言葉を吐き、しかも彼の恋人たることをつづけたとは、とても考えられないのである。つまり、人々は会議が停滞し、踊るばかりであることに満足はしていなかったけれども、それが深刻な危機の表われであるとは、けっして考えていなかった。彼らは、踊る会議を揶揄しながら、それを楽しんでいたのである。そうした態度は、ウィーン会議に集った政治家たちに特徴的なことであった。それは彼らの政治や文化に対する態度、すなわち、人間の営みに対する態度を象徴するものであった。だから、そこにもっとも巧く行った戦後処理とされているウィーン会議の成功の原因を求めることもできるし、それに対して少なくない人々が反発した理由を求めることもできるのである。

もっとも、これだけでは明らかに説明不足である。現代人は、なぜ踊ってばかりいた会議が成功したかの了解に苦しむであろうし、まして、踊ったことが会議の成功の重要な原因となったというような評価には、同意しがたいであろう。ひとくちに言って、この二世紀足らずの間に、遊びと仕事の関係についての理解が著しく変ったからである。ホイジンガが『ホモ・ルーデンス』のなかで述べているように、「今までに一つの様式、一つの時代の雰囲気が遊戯の中に生まれたことがあったとすれば、ほかならぬ十八世紀中葉以後のヨーロッパ文化の様式と雰囲気こそが、それだった」のに対し、十九世紀は、「ほとんどすべての文化の現われの中で、遊戯因子は大きく後退をとげ」たからであり、われわれはいまなお十九世紀の延長線上にあるからである。[3]

しかし、それだからこそ、歴史における「なぜ」が重要な問いになる。歴史には、後から見て了解しがたい奇妙な事柄がおこっている。たとえばわれわれには、古代エジプトがその富とは不釣合の、巨大なピラミッドを作ったことは不思議なことである。しかしわれわれから見て、もっとも了解されがたいこの事実のなかに、エジプト文明の特徴を解く鍵があることはよく知られている。また、第二次世界大戦中に日本軍人が「特攻」攻撃を敢行したことは、次第に了解されがたくなっているし、まもなく改めて「なぜ」と問われなくてはならない現象となるであろう。しかし、それもまた二十世紀前半の日本の善悪両方の特徴を解く鍵なのである。考えてみるとそれは不思議ではない。ひとつの時点から見て了解されがたいこと、改めて「なぜ」と問われなくてはならないことは、その時点と過去のひとつの時代との大きなちがいが存するところである。だから、そこに過去のある時代の特徴を解く鍵があっても、それはむしろ当然ではなかろうか。つまり、「なぜ」と問いたくなればなるほど、その現象は過去の特徴を示唆しているのである。だから、ウィーン会議は「なぜ」踊ったのか。「なぜ」踊りながら成功できたのか。要するに会議は「なぜ」踊りつづけたのか。それはむだな問いではないであろう。

2　機の熟するを待つために

問いの前半、すなわち、会議は「なぜ」踊ったのか、に対する一応の答えは比較的容易であり平凡である。明らかに時間つぶしのために、そして待つために、会議は踊ったのだった。より技術的な言い方をすれば、全体会議を開催する代わりに、舞踏会が開かれたのだった。

なぜなら、いくつかの意味で全体会議を開くことは不都合であったからである。ウィーン会議に集まった外交代表の数はおびただしいものであった。そして、彼らはそれぞれ、さまざまな小さな野心やもくろみをたずさえて来ていた。だから、そこに問題を持ち出しそこで審議することは混乱を招くだけだった。とくに、当時の政治家たちは、政治や外交を大きな会議でおこなうことに深い不信感を持っていた。

たとえばメッテルニッヒは、政治、外交上の「複雑で微妙な問題を、お互いにつながりのない四、五十人の大臣とより多くの代議員の集まりに提出してなにが得られるであろうか」という考え方の持主であったが、それは当時の普通の考え方だった。それゆえ、ウィーン会議において指導的立場にあった、英、露、墺、普の四ヵ国は、重要な決定を少数の強国の間でおこなうことに始めから決めていた。しかし、最終結果が会議に集まったすべての国の出席する全体会議で承認されなくてはならない以上、すべてを強国の間で決めたあとで、一回だけ全体会議を召集することは、あまりにも露骨な大国主義的行為であった。

それゆえ、会議の初期に全体会議を開き、そこで先の四ヵ国にフランスとスペインを加えた六ヵ国の委員会に平和条約の原案を作成するよう授権させることができれば望ましいと考えられた。しかし、そのためには、それに先立って強国の間である程度の意思の統一が必要であった。たとえば、六ヵ国の委員会の活動様式と権限が問題であったし、それにどの国を全体会議に出席させるかは平和条約の結果をあらかじめ決定するものだったからである。具体的にいえば、ナポレオンを積極的に支持してきたザクセンと、ナポレオンが即位させたミューラーを王とするナポリを全体会議に出席させるか否かが、重要な問題であった。

なぜなら、どの国際会議でもそうだが、それへの出席を認めることはその存在を認める効果を持っている。ところがザクセンについてはプロシアが併合を要求していたし、ナポリについては、ミューラーの退位を求める意見が強力に主張されていたのである。なかでも、ザクセンの問題は、オーストリアとプロシアの勢力関係に大きな影響を与えるものとして、ウィーン会議のもっとも重要な問題となっていた。プロシアはザクセンの併合を主張していたが、それはドイツ連邦内でのプロシアの優越をもたらすものであったがゆえに、オーストリアはプロシアの主張に強く反対し、ザクセンの保全を主張していたのである。

しかもドイツ連邦内の勢力均衡は、ヨーロッパの勢力均衡のかなめであった。数多くの小国に分れてはいるが、全体としては大きな勢力となるドイツ連邦のなかで、プロシアとオーストリアのどちらも優越せず、均衡を保っている状態がヨーロッパの均衡の不可欠の一部分であるというのが、当時の支配的な考えであった。そうした見地から、イギリスとフランスは、プロシアのザクセン併合に反対し、オーストリアの立場を支持したのである。しかし、ロシア皇帝アレキサンダーは、プロシアを支持していた。

なぜなら、彼はロシアの庇護下にポーランドを作るという計画を持っていた。しかしそれは、ロシアの強大化を恐れるメッテルニッヒやイギリス代表カースルリーによって強く反対された。そこでアレキサンダーはプロシアの支持を求め、そのためにザクセン併合というプロシアの立場を支持したのであった。こうして、ザクセン問題はポーランド問題とも結びつき、四大国をまっ二つに割ることになっていたのである。そして、全体会議にザクセンを出席させるか否かは、ザクセンの運命に大きく影響するものであったから、ザクセンの処理を強国の間で決めることなしに全体会議を開くことは不可能なのであった。

それに、全体会議を開くことにはもうひとつの困難があった。それはフランス代表タレイランが、四大国の優越を打ち破るために全体会議を利用すること、すなわち、全体会議において実質的な審議をおこなうことを主張していたことであった。とくに彼は、ドイツ連邦を構成する多数の小国に働きかけ、その主張を持ち出させる用意をしていた。だから、全体会議を開いたならば、会議が収拾困難な大混乱におちいることが懸念された。もちろん、タレイランは全体会議を開くこと自体を目的としていたわけではない。彼は、フランスが十分な発言力を与えられないかぎり、全体会議の開催を要求しつづけるという態度を示すことによって、強国の間でのフランスの発言力の強化を狙ったのであった。しかし、それはフランスの発言力の問題が片づくまでに全体会議を開催することを不可能とした。

こうして、全体会議を開き、そこで強国から成る委員会に原案作成を授権するということはできなくなった。十月始めに開かれる予定であった全体会議はまず十一月一日まで延期され、次いで無期延期された。そして、平和会議の実質的交渉はさまざまなレベルでの非公式会談においてなされることになったのであった。その間、会議は踊りつづけた。

もっとも、ちょっと考えれば、会議において難航が予想されるような問題は、会議を召集する前に強国の間であらかじめ打ち合わせ、決めておくべきであったと論じられるかもしれない。しかし、それは対立をあらかじめ明らかにすることであり、それゆえ、場合によっては、事前の交渉で不利な立場に立った国が出席をしぶり、平和会議の開催を危うくする可能性のあるやり方であった。それに四大国は、ウィーン会議までになんの準備もしなかったというわけではなかった。それどころか、彼らはフランスに直接関係のある問題については、ナポレオン戦争が終るや否や、ただちに処理を終えていて、後はフランス革命とナポレオン戦争の間にゆれ動いたヨーロッパの戦後処理を残すだけとなっていた。すなわち、フランスに対する戦後処理は終っていて、それ以外の問題を解決するためにウィーン会議は開かれたのだった。それゆえ、まず会議を召集し、その後に調整をおこなうというやり方には十分な理由があったように思われる。

それにしても、メッテルニッヒを始めとするウィーン会議の政治家たちは、あまりにも時間がかかる方法を選んだものだとみなされるかもしれない。しかし、外交はつねに時間がかかるものだし、それゆえ「待つ」ことがきわめて重要な美徳となるのである。おそらくそれは、よくいわれるところの「外交には相手がある」ということの論理的帰結であろうし、国際政治には意思決定の手続きとして認められたものがないということも作用しているであろう。すなわち、ひとつの国に関する決定は、たとえしぶしぶではあっても、その国自身が承知するのを待たねばならないことが多いし、ものごとを決めるやり方は自然に固まるまで待たなくてはならないのである。

もちろん、コンセンザスが現われてからでなくては決定してはならないことは、国内の場合も変らないように見える。しかし、国内の場合は個人の権利をどこまで尊重し、どこから先は切り捨ててよいかがだいたい決まっているし、意思決定のやり方が決まっていることが、コンセンザス形成への圧力となりうる。あまりにも頑な自己主張は、決められた意思決定のやり方の明るみに出されることに耐ええないし、それゆえ比較的早く撤回されうるのである。国際政治の場合にはそうしたことがない。だから、そこで自然の趨勢が決まるには、はるかに長い時間を必要とする。

実際、メッテルニッヒは会議が踊りつづけていたとき、次のように語っていた。「もし集まった代表たちの要求や提案のすべてに、〈アーメン〉という気にさえなれば、会議の仕事は二十四時間ですんでしまうのだが」。そして、要求と提案のほとんどすべてに〈アーメン〉をいうことは、いつかは必要なことであった。それらすべてに耳を傾けていたら、ドイツ連邦は二倍にしてもまだ不足したことであろうし、イタリアはたいへん醜い大根足になるまでふくれさせなければ、関係諸国の要求を満たしえなかったからである。しかし、〈アーメン〉をいう時機が問題であった。

小国の代表たちは、その要求をどうしても通すという力はもちろんのこと、その意思もおそらくなかったであろう。それ故、彼らがあきらめかけたときに〈アーメン〉といえば問題はなかった。しかし、出し抜けにそうするならば、不必要な反発を招くのであった。もちろんその場合、審議をし、その過程であきらめさせるのが本筋であるという議論は、正論のようにみえるかもしれない。しかし、すでに述べたように、どのような機関で審議するかが大問題であったのである。

こうして、多くの国がその要求についてあきらめの気持を持ちはじめ、審議の様式が自然に固まるのを待つという方針が選択されることになった。実際、事態はそのように進行して行った。会議のことを記した回想録が示唆しているように、会議が進展せず踊ってばかりいることに対する苛立ちの気持と、メッテルニッヒに対する非難の増大のかげには、なんらかの形で問題に決着をつけようという気持が育って行ったし、それとともに審議の形式も固まって行った。まず、六カ国ではなく、それにポルトガルとスウェーデンを加えた八カ国の委員会が会議の推進役としての地位を獲得することになったが、それはタレイランも満足しうる様式であった。なぜなら、六カ国の委員会では四大国との関連でフランスはほとんどつねに少数派の立場に立たされる恐れがあったのに、八カ国の委員会となると事情は異なったからである。また、ドイツの政治的構成の問題についても、ドイツ連邦のなかの五大国から成る委員会が自然に発生し、いつの間にか認められた。ウィーン会議の秀れた研究をおこなったC・K・ウェブスターが書いたように、「仕事をおこなう組織は情勢の必要から育ち、そのための機構は、一貫した原理から権威を与えられないままに成立した[4]」。

大体、そのような機構は、人々がウィーンに集まってから一カ月半ほど経った十一月半ばにおおよその形をとった。そして、すでに述べてきたことから明らかなように、機構が形をとることは戦後処理もだいたい形をとるということであった。だから、一八一五年の一月には、ポーランドとザクセンの問題も、だいたい妥協が成立することになったのである。ザクセンはその半分をプロシアに与えて存在が認められ、ドイツ連邦はメッテルニッヒの望むような「ゆるやかな連合体」となった。ポーランド問題については、ロシアがプロシアとオーストリアに、国境付近の一、二の要衝を譲ることで話がついた。ほぼ三カ月半で、ウィーン会議は戦後処理を終えたのである。今日、多くの会議がまじめな会議を開いて努力しながら、同じような主張をくり返すことによって多くの日数を要することを考えると、三カ月半という日数が決して長いものではないことが知られるであろう。

しかし、会議の機構がある程度形をとり、会議が「進み」始めても、会議は「踊り」つづけた。ウィーンに集まった政治家たちは、仕事が緒についたからといって華々しい社交活動をやめようとはしなかったのである。もちろんそこには、ウィーンに集まった小国の代表たちにとっては依然としてなにもすることがなかったから、その時間つぶしが必要であったという事情も作用していた。しかし、それは多分重要な理由ではないであろう。メッテルニッヒやタレイランのように、多くの仕事をかかえた人々も、「踊る」度合を減らそうとはしなかったからである。それに上述のように会議の機構が形をとるまでの間、すなわち、会議が踊っていたときがすでに重要な交渉の時期なのであった。

つまり、彼らにとって「踊る」ことと仕事とは決してまったく別物ではなかったのである。たとえばメッテルニッヒの仕事のしかたは、彼自身の描写によれば次のようなものであった。

自分は二、三日もの間、ひとつの問題を休みなしに集中して扱うというようなことはできない。百と一の問題が同時に私の頭に入ってきて、私は主要な点を忘れてしまう。しかし、私がひとつの問題をほんとうに重要視しているときには、それは私のなかで煮つまってくる。だから、表面的には他の問題にかかっているときに、そうした問題の解決が与えられる。一見気晴しをしていると見える行為の間に、解決策が頭に浮ぶ。私の最善の考えやもっともウィットに富む反撃は、食事の間とか、客人と雑談しているときとか、旅行しているときに私の心に浮んでくる。そして、この方法によって問題が私の頭のなかで熟したときに私は書き始めるのだが、そうなると論理の展開は自動的なものとなる。また、その点にまで到達すると、たとえ途中で邪魔されても、私の思考は中断しない。私はいつでも、中断したところから仕事を再開することができる。[5]

当然、彼にとって社交活動は仕事の妨げとはならなかった。もちろん、すべての人がそのようなことができたわけではないであろう。しかし、メッテルニッヒのように同時にいくつかのことができない人の場合でも、社交はとくに仕事の妨げとは考えられなかった。彼らは政治に没頭することをよいこととは思っていなかったし、それゆえ重要な政治の問題にたずさわるときでも、他のことに時間と精力を割くのが当然だと考えていたからである。そのことを、たとえばタレイランは怠惰であることを誇るという形で表現している。彼はあるときその部下について述べた。[6]

彼らは忠実で、頭もよく、そしてきちんきちんと正確に事務を果すでしょう。だが幸いにして私の訓練のおかげで、決して勤勉精励ではないことを保証します。

彼は、しかつめらしい顔をして仕事に熱中することを、明らかに、軽蔑していたのだった。大体、政治は遊びと無関係の、深刻な顔つきでおこなうべきことだという感覚は、当時の人にはなかったのである。およそ、そうした感覚ほど、十八世紀後半を支配したサロンの雰囲気と対立するものはなかった。よく知られているように、サロンでは女主人公が支配的な役割を果したし、その他にも多くの夫人たちが出席していた。だから、その雰囲気は華やかで、くつろいだものであった。当然、そこでの会話は自由で拘束されない形ですすめられた。そこではなにを話してもよく、ただ会話が巧みになされ、わさびのきいたものであることだけが条件であった。それゆえ、政治のことだけを、しかつめらしく、論理一貫して語るというようなことは、およそ不人気なことだったのである。逆にいえば、そこでは政治とともに愛が語られ、芸術上の話題と賭博上のできごとが同時に扱われるというような雰囲気なのであった。

実際、彼らは人間の営みが分野によってそう異なるわけはないと考えていたにちがいないし、それゆえ、ひとつの分野だけにしか妥当しない言葉がよい会話を作るとは考えていなかったであろう。たとえば、十八世紀のサロンの雰囲気をあざやかに描いたコデルロス・ド・ラクロの小説『危険な関係』を見てみよう。そのなかに、「愛は拒否する誇りと屈服する喜びの間に生ずる」という言葉が一人の女性によって語られている。男性が女性を惹きつけるためには、魅力、影響力、才能、財力、など、女性をしたがわせる力を持たなくてはならない。しかし、男性はそれを露骨に示すべきではなく、女性の「拒否する誇り」、女性の主体的な立場を尊重しながら、女性に言い寄るべきだというのである。この言葉は直接には恋愛について語られている。しかしそれは、政治行動についても、もっとも重要な格言となるべきものではなかろうか。たしかに、秀れた会話は、愛と同時に政治を語りうるのである。

そして、こうしたサロンで語られることは、単なる遊びごとではなく、政治など社会の営みを決定するところがあった。タレイランの秀れた伝記を書いたダフ・クーパーが述べたように、「すべてのサロンは、誰かある特定の婦人の支配下にあって、そのサロンの背景がなければ、何人といえども名をなすことはできなかったのである」[7]。それゆえ、愛を語り、芸術について論じながら、政治をおこなうのが当時のスタイルであったし、それができない人物は尊敬を得られなかったのであった。

実際、当時の政治家たちの広い関心と豊かな教養は、われわれに強い印象を与えずにはいない。メッテルニッヒはほとんど無限の好奇心を持っていた。彼は一八一三年の戦争の間に、フンボルトや彼の秘書ゲンツと哲学的討論を長々とつづけることができたし、科学についても一生を通じて関心を持ちつづけた。文学は、彼の秀れた伝記を書いたズルビクが描いたように、「彼の重要な日々の糧」であり、それゆえ、「ヴォルテール、モンテーニュ、パスカル、ゲーテ、ジャン・ポールは彼にとってなじみの作家」であった。一八三五年に彼を訪ねたイギリスの作家トロロープ夫人は、メッテルニッヒが数百の詩を暗誦できたと書き記している。それどころか、彼は政治詩にも興味を示したが、そのなかには体制に批判的なものもあった。だから彼はあるとき、「警察が私の読書のあるものの自由主義的傾向に気づかぬのは幸せなことだ。もし気づいたら、彼らは皇帝にそれを報告するだろう」と笑いながらいったという。それに加えて、彼がドイツ人らしく音楽を好み、ヴァイオリンの相当の弾き手であったことや、青銅彫刻にも手をそめていたことを考えると、彼の教養の幅が知られるであろう。*

* ただひとつ、小説は嫌いであった。歴史物は不正確であることが気に入らなかったし、恋愛物は彼を退屈させた。「主人公がよい恋人であるときは私と同等だし、悪いときは私に劣っている」。逆に彼は詩を好み、多くのドイツ人と同じく、ハイネの詩に涙した。

こうした性格もメッテルニッヒに特殊なものではなく、時代に共通したものであった。われわれはその現われを、フランスとの講和に際して彼らが美術品に示した態度に見ることができるであろう。ナポレオンはヨーロッパ各国から秀れた美術品を奪ってきて、パリーに集めていた。ところが第一次パリー平和条約でフランスはその「盗品」を持つことを許されたのであった。現代から見ておよそ信ずべからざるこの決定は、美術品をあちこちに動かしながらも損じてはならないという気持からなされたのである。芸術への愛が一般的でないところでこのような決定ができるはずがあろうか。

そして、このように広い教養を持っていたことは、彼らに社交を楽しむことを可能にさせた。それ以上に、秀れた会話がそうであるように、社交上の催しはごく自然に政治上の意味を持つことができた。たとえば、ナポレオンを破る上で決定的であったライプチッヒの戦いの一周年記念の一八一四年十月十八日に、メッテルニッヒは人々を招待したが、その中心の催しものは「平和を祝う」ということであり、そのプログラムはパリーの王立音楽アカデミー支配人の手になるものであった。フランスに対する彼の態度を表現するあざやかな行為ではないだろうか。

こうして、踊る会議は決して異常なことではなかった。それは当時のごく普通の仕事のスタイルだったのである。

4　十八世紀文明のかぐわしさと遊戯性

しかも、スタイルは単にスタイルにとどまるものではない。それはつねに、その持主の哲学の反映なのである。すなわち、彼らの仕事のスタイルは、彼らの政治と人生についての哲学に根ざすものであった。それはどのようなものであったのだろうか。

まず彼らは、政治において強い意欲を持ち、それによって「事業」を強力に推しすすめることは、政治においてもっとも忌むべきことであると考えていた。それは自然に反し、それゆえ愚かでもあり、危険でもあると考えられた。実際、それは彼らがフランス革命とナポレオンのやり方を危険視した重要な理由であった。フランスに現われた政治は、ナショナリズムの感情によって人々を動員し、それを強力な中央集権によってまとめるというものであった。それは、政治に参加させる人々は限定するが、しかし、一般大衆に対して要求することも少なく、ゆるやかに統治するという貴族主義の政治と根本から対立するものであった。

そして、貴族的な政治家たちは、フランスに現われた新しいやり方を、不安定を生み出すか、あるいは、あまりに強力な力を生み出すものとして警戒したのである。とくに、多くの民族をかかえるオーストリアを統治する位置にあったメッテルニッヒは、その気持を強く持っていた。さまざまな民族を過度に拘束しない形でゆるやかに統治する以外に、政治は考えられなかったからである。そして彼は、人間の多様性を考えるとき、どの国家でも統治は基本的には同様のしかたでおこなわれなくてはならないと考えていたにちがいない。

もちろん、彼らの考え方には欠点もあったし、少なくとも時代おくれであったことは事実である。しかし、彼らの政治哲学は少なくとも彼らの生き方や、趣味や行動様式にしみついていた。だから、彼らは自分たちと対立する考え方と戦うときにも、強力な意志によって強引に行動しようとはしなかった。たとえば、ナポレオンを打倒する最後の段階で、メッテルニッヒは全然急ごうとはしなかった。逆に彼は、自然の流れに押されてでなくては動かないかのように待った。

具体的に言えば一八一三年の初め、敗れたナポレオンを追い、ヨーロッパを「ナポレオンの圧政」から救うという目標をかかげてロシア軍が西進し、これに呼応してプロシアを中心とするドイツのナショナリズムが燃え上ったとき、彼はその勢いに乗じて一気に事を決するのではなく、その勢いに水をかけるようなことを敢えてした。彼はロシア・プロシア連合軍とナポレオンとの間に立って仲介の労をとろうとし、双方にそれを受諾せしめた。そして、フランスを「自然国境」など妥当と思われる状況に復帰させることを提案し、ナポレオンがそれを呑めば平和を結ぶという態度をとった。それに対してナポレオンが愚かにも提案を受諾せず、まったく「ものわかり」が悪いことが明らかになって初めて、連合軍の方に投じたのであった。

そこには明らかに、遮二無二フランスを打倒することの危険の認識があった。たしかに強大すぎるフランスは危険である。しかし、フランスをなくしてしまうことが不可能である以上、フランスを打倒するだけでは問題は片づかない。だからいかにしてフランスに適当な位置を与えるかが問題なのであった。その点から、彼はアレキサンダーの理想主義やプロシアのナショナリズムが無限定であり、無定形であることに、小さくない危惧の念を感じていた。そうしたものは人々に情熱を与え、ナポレオンの打倒には役立つかもしれない。しかし、そのようにして打倒してみてもまた問題がおこり、安定は得られない、と彼は考えていたのである。だから彼はオーストリアが仲介者の位置に立つ形で平和交渉をおこなった。そして、そのときロシアはフランスに対する要求を具体的な形で述べなくてはならなかったから、ロシアの戦争目的は具体化され、限定されることとなったのである。それがメッテルニッヒが交渉をおこなった主要な狙いであった。実際、ナポレオン戦争の最後の一年間のうち、半年が平和交渉に費やされたのである。それは踊る会議にも比すべきゆっくりした決戦であった。

こうして、われわれは待ちながら仕事をするという方法の持つ、深い意味に触れることになった。すなわち、それは妥協を求めるよう努力し、それによってつねにその主張する利害を具体的に限定しながら事態を処理し、理念や情熱によって押し流されてしまうことがあってはならないという考えにもとづくものなのである。

そしてわれわれはそこに、彼の保守主義者のしるしを求めることができるであろう。革新的な立場は、意欲や理想や情熱に大きな役割を与える。しかし、保守主義者にとっては、そうした力によって突っ走ることは、自然に反するがゆえに愚かでもあり、人間の能力を超えることであるがゆえに危険でもあるのだ。彼が革命に強く反対したのはそのためであった。強い意欲を持ち、理想心をたぎらせて、社会構造の大変革をひと思いに実現しようとすることは、人間にとって不可能なことを試みることなのであった。彼がフランス革命を「思い上り」として批判したことは、その意味で理解しうるであろう。

革命は巨大な幻想であり、にせの解決手段である。革命は他のすべての便法と同じようにつねに失敗に終る。[8]

そして、彼は保守主義者であって、「反動」ではなかった。それもまた、彼のスタイルが示唆している。たしかに彼は、悪名高いメッテルニッヒ・システムの建設者として、またその維持者として、彼が「古き、よきヨーロッパ」と考えるものを守ろうとした。しかし、そのために人工的に一線を引き、妥協のできない形でそれを守るということは、彼のやり方ではなかったのである。たとえば、イタリア問題に対する彼と彼の後継者の態度の比較はそのことを示している。彼はイタリアに対するオーストリアの支配維持に努力し、イタリアの統一と独立を求める運動とを馬鹿げた幻想と考えていた。だから彼はそうした運動を弾圧した。しかし、一八五八年から六〇年にかけて彼の後継者がしたように、統一と独立を求める努力に対して「最後通牒」を突きつけ、決戦をいどむことによってかえってイタリアの統一をはやめるというようなことは、およそ彼の考ええないことであった。大体、彼は「最後通牒」が大嫌いであった。たとえ自己の立場を強く主張することが必要であっても、「最後通牒」という形で、時間を切り、急いで問題の解決を図ることは粗暴であり、愚かであると彼は考えていたのだった。つまり、彼は粗暴な形で状況を変革することにも、粗暴な形で現状を守ることにも反対であった。彼はよりニュアンスに富む、複雑で、動きのとれる方法を選んだのであった。

しかし、彼らが強力な「事業欲」を排したのは、その危険という消極的な理由からだけではなかった。もちろん、それはそれだけでも十分な理由ではあるだろう。そして、自制と均衡を重んじたことが十八世紀の文明のもっとも大切な特徴であることはしばしば指摘されている通りである。たとえば、われわれはその典型をモンテスキューに見ることができるであろう。実際、彼は「自由」について、いかにニュアンスに富んだ考え方をしていることか。彼は「自由」が人民の欲するところを何事でもできる体制を意味するものではなく、「自由」が制限政体においてのみ成立しうることを述べたあと、次のように書いている。

それ（自由）は制限国家においてつねに存する訳ではない。それはそこで権力の濫用が為されぬ時に限って存在するのだ。しかしながら、すべて権力を持つ者はそれを濫用しがちだ。彼は極限までその権力を用いる。これは不断の経験の示すところだ。まことに徳性自体にすら限界を置く必要があるのだ。⑨（傍点筆者）

すなわち、彼にとって「自由」の維持という課題は、そのための機構の設定というような明快な解答が得られるものではなく、「徳性自体にすら限界を置く」というような態度によって初めて答えを得ることができるものなのであった。こうした考え方は、十八世紀において相当強力であり、それが戦争や暴力を制限し、大きな興奮のおこるのを防止した。

しかし、こうした考え方がもし消極的なものにとどまっていたのであれば、それは弱々しいものでしかない。すなわち、もし強力に事業をすすめることが必要であり、もしできれば望ましいのだが、それには危険があるという程度の認識であったならば、それは容易に乗り越えられることになったのであろう。しかし、彼らは強力に事業を推しすすめることが望ましいとは思っていなかった。それは人生や政治から、「かぐわしさ」を奪い去るものと考えられたのである。確かに、人間には弱さもあり、愚かさもある。それがおこなうことはつねに不完全である。しかし、それをも容認するところに、笑いと涙とが、すなわち文化が生れるのではないか、と人々は考えていたのだった。そうした態度をわれわれは、十八世紀後半の雰囲気をなによりもよく現わしているといわれる『セヴィリアの理髪師』のなかに見ることができるであろう。セヴィリアの理髪師はある人から「なぜそのように快活な哲学を持てるのか」と聞かれて答えている。

悲しみの習慣のためです。私は泣き出さないかという恐れから、すべてのことで急いで笑うのです。[10]

すなわち、人間の不幸——弱さ、愚かさ、不完全さ——を認めるのが、人間にとって必要であり、いかにしてそれを認めるかということこそが重要な問題なのだ、というのが十八世紀の考え方なのであった。こうして、過程を考えることなくひたすら目的を追求することは、深い意味で否定されていたのである。

また、われわれは別の例を当時の人々の戦争観に求めることができる。たとえば、銃剣は、発砲しながら突撃することを可能にさせるもので、当時として画期的な軍事上の技術革新であった。それにもかかわらずそれは十七世紀末に現われながら、十八世紀の間はほとんど使用されなかったのである。それは、銃剣が突き殺すという点であまりにも残酷であるという気持のためであった。しかし、この感覚は今日のいわゆる「人道主義的」なそれと同一視されてはならない。その背後には、文化に対する愛、醜いものに対する嫌悪という、より広汎な基礎があった。だから、われわれは次のようなおよそ信じがたい話を聞くことができるのである。フランスの首相コルベールは、イギリスとの建艦競争に勝つため、造船業者に対し、飾りのない軍艦を作ることを命じた。当時の軍艦はきわめて念入りで、高価な飾りをつけていたから、それをなくすことは効率の上でたしかに理屈に合っていた。しかし、フランスの造船業者ピュジェはコルベールの命令に断固として反対した。飾りのないような軍艦はおよそ軍艦ではない、と。そしてコルベールもついに彼の命令を撤回せざるをえなかったのであった。この話は、効率一点ばりの感覚ではもちろんのこと、「人道主義」からでも説明できない。それはただ、文化への愛からしか理解しえないであろう。そして、そのような基礎を持っていたがゆえに、文化は人間を抑制することができたのであった。[11]

こうした考え方が強力であるとき、政治はゲーム的な色彩を帯びる。そして、そのことこそ、彼らが目的を果すために急がなかったことの、かくれてはいるがより重要な理由なのである。たとえば、われわれはメッテルニッヒのナポレオンに対する態度に、そうしたものを見ることができるであろう。彼がナポレオンの打倒を急がなかったことには、すでに述べた以外に、敵手ナポレオンに対する愛惜の念が作用していた。そうした気持から、場合によってはナポレオンを救ってもよいと、メッテルニッヒは考えていたのだった。

彼は在仏大使として、次いで外相として、ナポレオンとは相当深いつき合いがあった。そのつき合いを通じて、彼はナポレオンの危険と欠点を知るとともに、その魅力に惹かれるようにもなっていたのである。彼の孫、ポーリン・メッテルニッヒは、晩年のメッテルニッヒが「何回も何回も、ナポレオンのように話が面白く、魅惑的な人には会ったことがないといっていた。ただ、あの天才があまりにも自制力において欠けていたのが残念だと嘆いていた」と書いている。また、彼自らの日記のなかにもナポレオンの想い出はくり返し現われている。たとえば、一八五〇年、ナポレオンの誕生日である八月十五日の日記には次の記事が見られる。「今日はあのかがやかしい流刑囚の誕生日だ。彼がまだ王座についていて、それ以外地球上に私だけしかいないというようなことであれば、私はなんと幸福であるだろう」。これは、明らかに「不倶戴天の敵」に関する言葉ではない。それは「好敵手」についての言葉である。[12]

メッテルニッヒはナポレオンとの戦争を、心のどこかで、好敵手との「ゲーム」のように見ていなかったであろうか。実際、彼のナポレオンに対する戦略はある意味では不確かなやり方であった。たまたまナポレオンが「ものわかり」のよい態度を示して急場をしのぎ、またあとで巻返しを図るということは、理論的にはありうることだったからである。しかし、メッテルニッヒは政治がそのような道筋をとっても、それはまたそのときで対処すればよいと考えていたように思われる。相手が巧みに行動すればそれに得点を与えてゲームをつづければよい――彼は政治をゲームのように考えていた。いたずらにナポレオンの打倒という目的に邁進することは、そのゲームの「かぐわしさ」をそこねるものであった。

そして、このような態度の持主であったからこそ、彼はあくまでも急がないことができたのであった。実際、勝つことが唯一の目的であり、ただ危険であるという理由だけからルールを守らなくてはならないという場合には、ルールはまったく弱々しい存在でしかない。勝つという目的だけが重要ではなく、ゲームそのものが重要であって初めて、ルールは確固たる座を得るのである。自制と均衡を重んずる十八世紀の文明は人生のゲームを楽しむ精神と深いところでつながっていたのであった。

5　旧時代の衰亡とホモ・ファーベルの登場

こうして「待つ」ことを楽しみ、怠惰を誇るスタイルは、十八世紀後半に栄え、フランス革命とナポレオン戦争のあとウィーン会議で「復興」された政治のやり方の表現であった。だからウィーン会議が踊る会議になったことは、まさに象徴的なことであった。主催者メッテルニッヒは、それを誇ってもよかったのである。少なくとも、彼がほとんど社交にうつつを抜かしながら仕事をすることができたのは、彼がその能力の最高の状態にあったことを示していると言えるであろう。すなわち、こうして彼がきわめて多くのことに同時に注意を払いえたことは、彼の頭脳の活力を示している。ウィーン会議当時、彼はまだ四十一歳で、若かった。それだからこそ、彼は二人の大使を待たせ、踊りを見つつ婦人たちとおしゃべりをしながら、政治上の問題を考えることができたのではなかろうか。

不思議なことに、ウィーン会議の前後で、彼の仕事の時間はいちじるしく変化した。それまで少なかった彼の労働時間は、ウィーン会議以後次第に増え、やがて十時間を超えるようになったのである。おそらくそれには、ナポレオンに対抗していた、いわば野党的な時代と、彼が中心となってひとつの体制を維持するときでは、行政的な仕事の量がまるでちがうという事柄が作用しているであろう。しかし、それと同時に歳をとって彼の活力が低下し、一時にそう多くのことに注意を払いえなくなったという事情もあるのではなかろうか。

他の材料、たとえば彼の妻の人物像もそのことを示唆しているように思われる。不幸なことに、彼は一八二五年に最初の妻と死別し、二回目の妻も一八二九年に出産のときの事故から失ったので、一八三一年に三回目の結婚をしたが、それは社会的に見て、もっともありきたりのものであった。すなわち、三回目の妻メラニーは、ハンガリーの名家の娘であり、それゆえメッテルニッヒの高い社会的地位にふさわしいということで選ばれたのだった。もっとも、この結婚は決して失敗ではなかった。陽気で勝気であると同時に、メッテルニッヒに対する憧憬の念を持っていたメラニーは、家事をみごとに切り回すと同時に、政治上の事柄でも甲斐甲斐しく夫を助けた。そして、一八四八年の革命のため、しばらく亡命生活を送らなくてはならなかったとき、その勝気と陽気さでメッテルニッヒを支えた。小説家トロロープ夫人は、この夫婦の仲を「人生よりも小説のなかで見かけるほどのもの」と評している。[13] しかし、われわれはそこに、活力が衰えつつあったメッテルニッヒが、その伴侶にどことなく頼るようになっていたのを見ることができないであろうか。

どうも、献身的な妻と仲むつまじく暮すということは、しばしば、男性の活力の衰退を示すように思われてしかたがない。彼の二回目の妻マリー・アントアネット・リーカムは男爵家の娘で、当時のオーストリアの社交界では低い地位の人物とみなされ、そのためメッテルニッヒも、その妻を社交界に受け入れさせるのに苦労した。彼らの結婚式はほとんど参列者もないという簡素なものだった。しかし、そのように非正統的で、面倒なことを敢えてしたメッテルニッヒに、われわれはまだ安定し固まり切っていない人物を見ることができるのではなかろうか。また、すでに紹介したサガン夫人のように、献身的であるどころか冗談混じりに悪口をさえ言う人物に惹かれ、恋人としたメッテルニッヒに、あふれるような活力を見ることができるのではなかろうか。とはいえ、メラニーのような性格の女性との結婚は自然のことであった。当時、彼は六十歳に近づきつつあった。彼がほとんど無限の知的好奇心とともに、恐るべき食欲を持ち、八十六歳まで生きるという生命力を持っていたとしても、すでに彼は人生の旅路の終りに近づきつつあったからである。こうして、ウィーン会議は彼の人生において華であり、それ以後、徐々にではあるが彼は衰退して行った。

そして、彼の人生の消長は、彼が代表し、彼が守ろうとしていた文明の消長と時を同じくしていた。フランス革命が解き放ったエネルギーは、いかに巧みに復興され守られていたとしても、

「旧制度」をやがて打ち破らずにはいなかった。より多くの人々が、自己の力を認識するようになり、社会の営みに発言力を要求するようになって行った。その意味で「自由主義」の勝利は不可避のものであった。そのとき、人々は、自己の力への自信から「事業」を企てることになったし、またそれによって自己の力を確認しようとした。そして、ナショナリズムによって団結し、強力な中央集権機構によって、「事業」をおこなうようになって行った。ナポレオンの特徴であった無限の「事業欲」は、十九世紀のヨーロッパにおいて、次第に普遍化して行ったのである。

実際、われわれはメッテルニッヒに反対したドイツ人の発言のなかに、こうした意識を見ることができるであろう。一方では彼らは、貴族たちの支配に反抗し、自らの活動の権利を主張する「自由主義者」たちであった。しかし、他方では彼らは集団的存在である「ネイション」の力の自覚によって動かされていた。当時の有名な運動家リントナーは書いている。「ドイツが弱くなくてはならないというわけはない。わが政府はそれを意欲するだけでよい。それでわれわれは地上でもっとも文明的で、もっとも強い人民となることができる」（傍点筆者）。強い意欲によって、大きな事業をしようとする人々が現われてきたのだった。そして産業革命は絶えず高まる技術的能力によって、「事業」を可能にし、それによってふたたび「意欲」をかき立てた。ホイジンガが書いたように、「労働と生産が時代の理想となり、やがてその偶像となった」[14]。別の言い方をすれば、「ホモ・ファーベル（工作的人間）」が現われて来たのだった。

こうした歴史の展開から見るならば、メッテルニッヒは、壊れ行く文明を頑固に維持しようとした「反動的」人物ということになるであろう。現に彼はそう考えられてきた。また、ウィーン会議に象徴される優雅な世界は、安逸に慣れた文明の頽廃を示すものとされるかもしれない。実際、フィヒテはフランス語が主要な位置を占めた十八世紀の文明について、次のように述べている。「フランス人たちはいまや社会関係についての真面目さの欠如、どうにでもなれという考え、精神のない放逸の害を蒙っている」[15]。だから、メッテルニッヒは不真面目で軽薄な人物となるであろう。

しかし、すでに述べてきたことから明らかなように、メッテルニッヒが守ろうとしたのは、まさにその不真面目さ、あるいは遊びの要素のある文明なのであった。たしかに、彼は人生の終りにおいて敗れた。しかも彼が守ろうとしたものは、一見、守るべからざるものであったように見える。すなわち、彼は貴族の特権を守ろうとして、人々の自由な発言を抑えようとした。また、彼は停滞をつづけようとしたが、進歩によって打ち破られた。そこまでは事実である。しかし、それが彼の守ろうとしたもっとも重要なものではなかった。遊びの要素のある文明こそ、彼のもっとも重要と考えたものであったが、それが否定されたことは果してよかったであろうか。自由と進歩のために、人々は過剰な真面目さという大きな代償を支払ったのではなかろうか。

たしかに、十九世紀から二十世紀にかけての経済発展という「大事業」の結果、人々は豊かになった。しかしそれとともに、ホイジンガが一九三〇年代に書いたように、「蒸気機関から電気へと、工業的、技術的発展が大きく進むにつれて、この発展の中にこそ文化の進歩があるのだとする錯覚がいよいよ蔓[16]り、その結果、人々は大きな組織のなかで平板な作業をくり返すという退屈な生活を強いられるようになっている。そしてそれは、目的をより早く、より効率的に、しかも確実におこなおうとすることの不可避の結果ではないだろうか。

政治の領域についていえば、飛躍的に多くの人が政治に参加する権利を認められ、その結果、市民的幸福のことを考えて社会の営みがおこなわれるようになったことは事実である。しかし、それと同時に、政治が力ずくのものとなったこと、より正確にいえば、政治の世界における議論が相手方の説得あるいは「折伏」のみを目的としておこなわれるようになったことも否定しがたいのである。そして、それもまた政治から遊びの要素がなくなったことの結果といえるであろう。かつては政治の討論は、それ自体が楽しまれる競技であった。そのとき、人々は他人の雄弁に感心し、それで考えを変えた。しかし、「事業欲」にとりつかれた人間にとって、問題は目標の達成である。その場合、相手の意見の尊重ということは弱々しい倫理的要請でしかなくなるのである。実際、もし達成されるべき目標が絶対的に必要であり、正しいことならば、それに反対するものは邪悪な人々ということになり、ただ「折伏」だけが必要なことになってしまう。そして、議会主義とは議会での討論を楽しむ遊びの精神なしには成立しえないのである。

まして、外交の営みをゲームとして楽しむ感覚なしに、外交という複雑で微妙な技術はありえない。実際、十九世紀の後半から、外交は単純で粗暴なものになって行った。軍事力に頼るところが多くなった。イタリアとドイツの統一はその典型であった。それでも、ビスマルクのように、まだ外交のニュアンスが判り、事業欲と力の自覚のとりこにならない人々がいるときはよかった。ビスマルクはメッテルニッヒと三回会見したが、その記録は彼がメッテルニッヒを高く評価していたことを示している。それは決して不思議ではない。メッテルニッヒのような人物への共感を持ちうる人物であったからこそ、ビスマルクは、オーストリアに対する勝利を濫用して成果を求めようとせず、フランスに対しても自制のために努力したのではなかろうか。しかし、そのビスマルクもやがては年老い、より単純な事業欲と力の意識の持主である若いドイツ人によって退けられ、ドイツの外交は暴走し始めることになるのであった。

同様の変化はメッテルニッヒの母国オーストリアではより早くおこり、そしてより致命的であった。彼の後にきた人々は、単純で粗暴な方法によって、その帝国を守ろうとした。* だから、彼の時代以上に「反動的」となった一八五〇年代のオーストリアに、彼は亡命から帰って行ったけれども、意見を求められることはなかった。彼は時折忠告を与えたが、それは真実には尊重されなかった。スタイルがちがいすぎたのである。

* たとえばドイツ連邦のあり方について、シュワルツェンベルグはメッテルニッヒ時代のオーストリア＝プロシアの二重指導制のかわりに、オーストリアの優越を求めようとし、IIの第五章で触れるようにオルミューツでそのことを果そうとしたと言えよう。メッテルニッヒはそうした目標についても、また外交的勝利を誇示する方法についても批判的であった。

ただ一回だけ、それも彼の死の少し前、イタリアの統一問題をめぐってオーストリアが外交的に孤立したとき、フランツ・ヨゼフ皇帝が彼を訪れ、その助言を求めた。彼の忠告はただひとつであった。

後生だから、イタリアに最後通牒を送るということだけは止めて下さい。

しかし、その前日、最後通牒は送られてしまっていたのである。複雑で微妙な外交の時代は終っていたのであった。

（1）Comte A de la Garde-Chambonas, *Anecdotal Recollections of the Congress of Vienna*（English Translation）(London, 1902). この書物はウィーン会議の種々のエピソードを集めた興味深いもので、この論文の描写のいくつかの箇所で参考にした。

（2）こうしたメッテルニッヒの人物像については、メッテルニッヒについての秀れた伝記である Constantin de Grunwald, *Metternich*（London, 1953）に負うところが大きい。

（3）Johan Huizinga, *Homo Ludens*. 一九三八年に出版、一九五六年の独訳版に基づく。高橋英夫訳『ホモ・ルーデンス』（中央公論社、昭和三十八年）三一六ページ、三二四ページ。

（4）C. K. Webster, *The Congress of Vienna*（Oxford, 1918）, pp. 55–6.

（5）Grunwald, *op. cit.*, p. 147.

（6）Duff Cooper, *Talleyrand*（London, 1932）. 曽村保信訳『タレイラン』（中央公論社、昭和三十八年）一一七ページ。

（7）同上書、一二ページ。

（8）Grunwald, *op. cit.*, p. 300.

（9）モンテスキュー『法の精神』第十一篇第四章。

（10）ボーマルシェ『セヴィリアの理髪師』第一章。

（11）J. U. Nef, *War and Human Progress*（Harvard U. P., 1952）, p. 159.

（12）Grunwald, *op. cit.*, p. 114, p. 115.

（13）*Ibid.*, pp. 233-6.

（14）『ホモ・ルーデンス』三二〇ページ。

（15）この時期のドイツのナショナリズムを批判的に扱ったものとして、Elie Kedourie, *Nationalism*（London, 1960）がよい。とくに　Chaps. 1-4.

（16）『ホモ・ルーデンス』三二一ページ。

中公
クラシックス
J50

古典外交《こてんがいこう》の成熟《せいじゅく》と崩壊《ほうかい》 I

高 坂 正 堯

2012年12月10日初版
2020年2月25日再版

著　者　高 坂 正 堯

発行者　松 田 陽 三

印　刷　凸版印刷
製　本　凸版印刷
D T P　平面惑星

発行所　中央公論新社
〒100-8152
東京都千代田区大手町 1-7-1
電話　販売 03-5299-1730
　　　編集 03-5299-1740
URL http://www.chuko.co.jp/

著者紹介

高坂正堯（こうさか・まさたか）
1934～96
国際政治学者。哲学者・高坂正顕の次男として生まれる。京都大学法学部で国際法学者・田岡良一に師事し、卒業後ハーヴァード大学留学。1963年『中央公論』に「現実主義者の平和論」を発表して論壇に登場する。冷戦時代から共産主義国家には批判的で、現実に即した保守政治評価や国際政治観を表明した。専門は国際政治学、ヨーロッパ外交史。主著『宰相 吉田茂』『国際政治――恐怖と希望』『古典外交の成熟と崩壊』などのほか、業績をまとめた『高坂正堯著作集』（全8巻）がある。

Published by CHUOKORON-SHINSHA, INC.
Printed in Japan ISBN978-4-12-160137-7 C1231

定価はカバーに表示してあります。
落丁本・乱丁本はお手数ですが小社販売部宛お送りください。
送料小社負担にてお取替えいたします。

■「終焉」からの始まり
――『中公クラシックス』刊行にあたって

二十一世紀は、いくつかのめざましい「終焉」とともに始まった。工業化が国家の最大の標語であった時代が終わり、イデオロギーの対立が人びとの考えかたを枠づけていた世紀が去った。歴史の「進歩」を謳歌し、「近代」を人類史のなかで特権的な地位に置いてきた思想風潮が、過去のものとなった。

人びとの思考は百年の呪縛から解放されたが、そのあとに得たものは必ずしも自由ではなかった。固定観念の崩壊のあとには価値観の動揺が広がり、ものごとの意味を考えようとする気力に衰えがめだつ。おりから社会は爆発的な情報の氾濫に洗われ、人びとは視野を拡散させ、その日暮らしの狂騒に追われている。株価から醜聞の報道まで、刺戟的だが移ろいやすい「情報」に埋没している。応接に疲れた現代人はそれらを脈絡づけ、体系化をめざす「知識」の作業を怠りがちになろうとしている。

だが皮肉なことに、ものごとの意味づけと新しい価値観の構築が、今ほど強く人類に迫られている時代も稀だといえる。自由と平等の関係、愛と家族の姿、教育や職業の理想、科学技術のひき起こす倫理の問題など、文明の森羅万象が歴史的な考えなおしを要求している。今をどう生きるかを知るために、あらためて問題を脈絡づけ、思考の透視図を手づくりにすることが焦眉の急なのである。

ふり返ればすべての古典は混迷の時代に、それぞれの時代の価値観の考えなおしとして創造された。それは現代人に思索の模範を授けるだけでなく、かつて同様の混迷に苦しみ、それに耐えた強靭な心の先例として勇気を与えるだろう。そして幸い進歩思想の傲慢さを捨てた現代人は、すべての古典に寛く開かれた感受性を用意しているはずなのである。

（二〇〇一年四月）